日記で読む日本史12

物語がつくった驕れる平家

貴族日記にみる平家の実像

曽我良成 著

倉本一宏 監修

臨川書店

目次

（凡例）

○原典史料引用文中の□は一文字分、〔　〕は複数文字分の空白を示す。

○『平家物語』の諸本を示す場合、紙幅の都合により以下のように略号を用いることがある。
四部本＝「四」、延慶本＝「延」、長門本＝「長」、覚一本＝「覚」、屋代本＝「屋」、中院本＝「中」、源平闘諍録＝「闘」・「闘諍録」、源平盛衰記＝「盛」・「盛衰記」

序章　史料としての平安貴族「日記」

本書はいうまでもなく「日記で読む日本史」のシリーズの一冊である。この分野の日本史学を専門に学ばれた方以外は、個人の「日記」だけで歴史が語れるのだろうか？　と素朴な疑問を抱かれるだろう。そもそも、個人の「日記」なんぞが政治や経済など、時代の全体像を見渡すような歴史叙述の材料となりうるのだろうか？　と不思議に思われるに違いない。また、本書は『平家物語』と対置する形で貴族の「日記」を位置づけているが、「創作」対「真実」という図式で対置させるのに、きわめて個人的なはずの「日記」がふさわしいのかどうか、疑問が出てもおかしくない。現代人の日記は、たいていの場合その日食べた料理がおいしかったとか、友達とディズニーランドへ行っただとか、そんなことが三六五日列記される。そのような日記でその時代の歴史像を描くことが出来るのだろうか？

なるほどたしかに、現代的な意味での「日記」では、歴史を描きにくい。それは、現代の私たちが思い浮かべる日記が、庶民が日常を記録する自分だけの個人的なものだからである。日記なんだからそんなこと当たり前でしょ、と思われるかもしれない。しかし、本書で中心的に扱う平安貴族の日記は、国家の支配者層である貴族の日記であり、執筆者の階層という点で、まず現代の庶民の日記とは異なっている。では、政権担当者の日記だからといって、例えば明治時代内務卿の『大久保利通日記』、大正時代の総理大臣の『原敬日記』などと同列に扱って良いかというと、必ずしもそうではない。これら近代以降の政府高官級の人々の日記は、その時代の事件の真相や背後関係、政策の立案過程などを後世に伝えてくれるものが多く、その意味では平安時代の貴族日記と同じく重要な歴史の史料となっている。しかし、大久保も原も日記を書くとき、自分の死後誰かに見られることは（ある程度は覚悟していたかもしれないが）想定していない。基本的には積極的に誰かに見せようとして書かれたものではないのである。総理大臣に限らず、明治以降の現代人の日記は、他人に見られることを予定していない（あるいは見られたくない）が、本書で扱う平安時代の貴族の日記は、記録する時点で既に他人に見られることを前提に、むしろ見せるために書かれている。ここが、現代人の日記といちばん異なっている点である。

誰かに見せるために書かれた「日記」といわれても、イメージしにくいかもしれない。誰かに見せることを想定して書かれた個人的な文章という点では、現代のブログやツイッターと近い点はある。しかし、誰かに見せることを想定しているとはいっても、貴族の日記は、不特定多数に見せることを想定しているわけではない。日記を見せようと想定している相手は、自分の息子や孫、さらにはずっと未来の子孫たちである（結果的に子孫ではない人に見られたり所蔵されたりしている場合もあるが、書いている本人は不特定多数を意識してはいない）。

一　史料としての貴族「日記」

私が高校生の頃の日本史の教科書では、平安貴族は儀式（や女性たちとの恋愛）にばかり気を取られ、政治への関心を失っていたため、地方政治は乱れ…といった説明が中心であったように思う。ただ、その後一九八〇年代以降、平安時代史の研究が深化して、前代同様に基本的には貴族たちも「政治」を行っていたことが明らかになった。中央政治はそれぞれの分野を得意とする貴族の家や官僚の一族に、地方政治は国司（受領）に、それぞれある得分などと引き替えに委任したり請け負わせたりしていたため、中央政治にしても地方政治にしても、政権を掌握している摂関家や上皇が、その詳細まで気を配ったり決定をする必要は無かっただけのことであった。表面的には政治をしているように見えないために「政治に対する関心が薄れ…」などと昔は言われたが、じつは細かな点までいちいち采配しなくて良い体制をとっていただけのことで、支配者が政治に無関心な訳がない。とくに、一般の読者の方々の平安時代のイメージは、『源氏物語』や『枕草子』に出てくる貴族のイメージが強く、政治もしないで女性のおしりばっかり追っかけている印象が強いかもしれない。そういう側面があったことは否定しないが、紫式部や清少納言といった女性たちの目の届かないところで政務は処理されていたので、そのような文学作品には書かれにくかったのである。

平安時代の政務・行事・儀式は、その準備や運営、判断基準などの基本が前例を重視することにあったので、何かを行うときには必ず以前そのことがどのように行われたかを徹底的に調査し、その通りに行うことが心がけられていた。ただ、この前例重視という考え方はなにも平安時代に限ったことではないだろう。現代の日本社会でもいろいろな組織で行われているのではないだろうか？　私の勤務先の大学の教授会でも、何か行事を行ったり判断を下すときには（もちろん学則や規程が基本だが、それから外れる問題については)、「この前はどうでしたっけ?」という話になりやすい。前回の方法で何も問題が無ければ、今回もその通りにやれば、問題なく処理できる。このように、日本の組織では今でも前例が意識されることが多いように思う。

こう考えれば、平安貴族が前例を重視するのは、そんなに異例で不思議なことではない。ただ、逆に言うと、いかに前例を知ってわきまえているかということが重要になってくる。しかし、それはそう簡単なことではない。それぞれの地位や役職によって果たす役割が異なり、さらにそれぞれに礼法がある。儀式の場への進入経路、発声する言葉、立ち位置などなど非常に細かな作法があり、これを間違えると天皇や高位高官の前で恥をさらすことになる。それは個人の恥であるばかりでなく、一族の恥でもあった。現代では、前例は議事録やその他のデータベースで確認できるし、手続きや作法についてはマニュアルなどを参考にすれば良い。しかし、このような手段を持たなかった平安貴族はどのように対処していたのだろうか。

平安貴族には基本的には新しい知見は必要ない。決められた作法や過去の前例から外れずに、ただ行事や儀式において自分の役割を大過なく果たすことに注意が払われていた。お茶席で作法から外れればとても恥ずかしい。それを天皇や総理大臣たち出席の公的な場や儀礼でしでかしてしまい恥をさらすのだ、と思い描いていただくと、平安貴族の心境がわかっていただきやすい。

実はその対策となるマニュアルがないわけではない。『西宮記』、『北山抄』、『江家次第』といった平安貴族の政務ハンドブックともいうべき「故実書」といわれる書物も有るには有った。しかし、ややこしいことに、貴族の家には、たとえば御堂流、小野宮流などとよばれるそれぞれ微妙に異なる作法・流儀があり、これらの「故実書」だけでは自家の作法は身につかない。同じ千利休の系譜をひく茶道でも、表千家・裏千家・武者小路千家などがあるようなものである。では、恥かきや失態を演じないために、自分の家の伝統的な正しい作法をどのように身につけていたのだろうか。

こんなことを教えてくれる学校は無い。古代には大学という制度は有ったが、この時期には形骸化しており、またそこは儒教や法律などの学問的な教育の場なので、貴族社会で必要な政務や行事での事務処理や作法はそもそも大学の対象外である。これは現代の大学でも、会議議事録の作成方法やビジネスマナーを（普通は）教えないのと同じである。もちろん、現代の企業のような新人教育やOJT（On-the-Job Training）もない。

また、現代の組織に所属する人間からすると想像も出来ないことだが、平安時代中期以降の政府は、政務の処理過程で発生した文書を保存しなかったし、重要な会議の議事録のようなものを作成はしたが、それを国家が保存することはなかった。

それどころか、正式な政治の記録＝「正史」も途切れてしまっていた。律令政府が編纂した国家的歴史書である『日本書紀』に始まるいわゆる「六国史」は、九〇一〈延喜元〉年に編纂された『日本三代実録』を最後に編纂されなくなった。『日本三代実録』は八五八〈天安二〉年から八八七〈仁和三〉年迄が記録されているものなので、それ以降の歴史を記録した正史はないということになる。したがって、それ以降の歴史を叙述する材料は他に探さなければならない。

そんな状態では、先ほど述べてきたような前例重視の平安貴族社会にあっては、依存する前例がわからず困ってしまうのではないかと思われるはずである。そうした記録・文書類は、「国家」や政府が保存することはなかったが、じつは別のところで保存されていた。政務処理にあたった担当政治家や官僚が自宅に関係文書を保存していたのである。公私混同することになり、本来あってはならないことだが、当時の政治体制は日常的な政務の運営や文書処理はそれぞれを得意・専門とする担当貴族・官僚に任せられていたので、彼らの自邸に保存することは半ば公的機関に保存するのと同じ効果を持っていた。国家の側からみれば公文書の保存・管理といった煩雑な業務をしなくて済むし、担当貴族・官僚の側から見ればそれらの文書は自分たちの家の専門性を高め他家との差別化を図り、朝廷内での一家の存在価値を高めることになる。

そんな状況下で、貴族たちが政務・行事・儀式に参加するときに、もっとも頼りになったのは父や祖父などが過去に同じ役割を勤めたときの、自家に保管してある古い記録類である。儀式などへ参加が決まった時、貴族は同じ役割を果たした先祖の日記の当該部分を探しだし、その作法や手順を身につけて当日に臨む。そして儀式が終わったら、その当日の自分の動き、失敗、気づいた点を今度は自分が日記に記録しておく。

記録しておくのは自分の動きだけに留まらない。その儀式の参加者のいろいろな動き、そのとき左大臣はこう動いた、右大臣はこう発声したなど、わかる範囲で全て書き留めておく。自分の席から見えないような場面は、あとからそれを見ることが出来た同僚などにきいてできる限り詳細に記録していた。

非常に詳細に丹念に記録してある日記と、比較的簡略なものがあり、書き手の貴族の性格をうかがうことが出来る。一日の記録が非常に詳細で、こんなに膨大な量を自筆で書いていたらそれだけで一日が終わってしまうだろうというものもある。もちろん、必ず当日に書かなければならないというものではないので、後日時間があるときにまとめて書いたり、あとからわかった情報を追記したりなどしていたようである。

このような日記が残っていれば、将来自分の子孫が左大臣や右大臣になってその役割を担うとき、自家に前例記録が集積されていない初めての官職であったとしても、子孫はその日記を見れば作法や前例を学ぶことが出来るのである。身内の日記に役立つ記事が見つからない場合は親族に頼み、それでもダメなら親しい知人に頼み、その日記を参考にさせてもらうなどしなければならなかった。

このように貴族の日記は、家を継承していくものにとって非常に重要な財産となっていた。次の史料は家の後継者に、日記と文書（その家が代々職務上集積した文書）を伝えようとしたことを示している。

伯耆守宗頼は、入道大納言光頼の最愛の少子なり。成頼に申し付し、立てて嫡孫となす。日記・文書、併せて成頼に附嘱す。これ彼の男に伝えしめんが為なり。

（『玉葉』嘉応三〈一一七一〉年二月二日条）

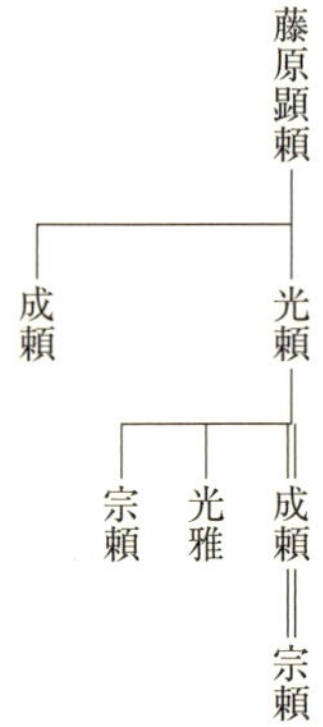

図1　藤原光頼関係系図

元大納言藤原光頼は弟成頼を養子にしていたが、自分の最愛の末っ子宗頼を後継者にするために、宗頼を成頼の養子とし「嫡孫」と位置づけようとした。その際、宗頼に伝えるために、まず「日記・文書」を成頼に付託したというのである。「嫡孫」として位置づけられることが、日記・文書の「附囑」と連動し、いかに貴族の家の継承に重要視されていたかを示してくれている。

大切な日記なので、他家の者には秘して見せない場合もあった。

実守卿と言談のついでに云く、前大納言実定卿は日記を多く相持つと云々。その中、一切披露せざるの記は、花薗左大臣記八十余巻、四条戸部記百余巻、殊に秘蔵すと云々。

（『玉葉』承安二〈一一七二〉年十二月八日条）

雑談の時に藤原実守が、「前大納言の藤原実定は多くの日記を所蔵している」と言った。そのなかでも、一切他人に見せないでいる日記は「花園左大臣記」と「四条戸部記」で、これらはとくに秘蔵しているということだ。「花園左大臣」とは源有仁（後三条天皇の孫）、「四条戸部」とは四条民部卿藤原忠教（関白藤原師実の子）のこと。源有仁は元皇族なので実務的な役職に就いてはいないが、故実に詳しく後世、花園流の祖といわれ、儀式書『春玉秘抄』『秋玉秘抄』などを著しているので、その日記となれば儀式などの儀礼作法に関する記述は豊富であったと考えられる。藤原忠教は、美作守や尾張守などの国司、近衛中将、蔵人頭などを歴任し、参議・中納言をへて大納言にまで達した人で、その日記となれば、それぞれの職にまつわる記録が豊富に記録されていると思われ、後進にとっては非常に参考になる記事が多いのだろう。実定がどのような経路でこれらの日記を入手したか別に検討しなくてはならないが、いわば虎の巻・秘伝のように扱われた日記があったことを教えてくれる記事である。

自分の行動の記録だけではなく、参加した儀式や行事の全体像も書きとどめておくため、ときにあきれるほど詳細な記録が残されている。また日記は書いていくときには出来事をあった順に書き付けていくが、子孫が利用するときには割り当てられた役割や参加する儀式など項目で探し出すので、そのままでは不便である。いまなら、データ検索をかけたり、データをソートしたりすることで可能であるが、この時代もそれに近い努力は行われていた。書き残された日記を、関連項目ごとに分類して再編集・まとめ直しをして利用しやすく加工することがある。この作業を「部類」といい、こうして項目ごとに再編集された日記を「部類記」という。この部類の作業は、日記を記録した本人が子孫のために自ら行っておく場合と、子孫が行う場合があった。

実守卿、堀河左府官奏部類記一夜、件の記を相持つの由を語る。余、一見の志有るの由を示す。よって送るところか。を借し送る。

（『玉葉』安元二〈一一七六〉年四月四日条）

藤原実守が「堀川左府官奏部類記」を貸し送ってきた。これは、先日の夜、その部類記を所持していると実守が語っていたので、一度見てみたいという気持ちを伝えておいた。だから、送ってきてくれたのだろうか、という内容である。「堀川左府」とは源俊房のことで、彼の日記のうち、「官奏」に関する記述だけを集めた部類記が作成されていて、それを貸してもらったということである。

自分が「官奏」の担当に任じられたとき、「官奏」部類記を調べれば、準備しておくことや当日の行動など数年分以上が一気に参照可能になる。このように、「日記」さえあれば、貴族たちはどんな役割に任じられたとしても、その役割において果たすべきことを全て把握することが出来たのである。

二　貴族「日記」に書かれたこと
――「天に代わって」お仕置き？

ただ、貴族の日記に記録されるのは朝廷での儀式や行事の詳細ばかりではない。除目や生死などその時々の関係者の動向、日蝕などの天文記事、地震などの災害記事など、記主の性格にもよるが、かなり詳しく書かれた日記もある。何がどこで子孫の参考になるかわからないので、起きたことは念のため全て記録しておくのが基本姿勢であった。

また、現代社会の日記とは性格が異なるとはいうものの、日記である以上、人間の本性として、個人の思いや感慨のようなものを書き付ける場合もあった。『玉葉』の記主九条兼実は、長男である内大臣藤原良通が二十二歳で夭逝したときに「惜しみてなお惜しむべし、悲しみてなお悲しむべし、言語の及ぶところに非ず、筆端の記すべきに非ず」、「別離の悲しみ、恋慕の思ひ、さらに堪忍すべきに非ず」（文治四〈一一八八〉年二月二十日条）と記している。期待していた息子を亡くした父親の思いが先の言葉を含み延々と綴られ、その歎きの深さが年月を越えて私たちに染みこんでくる。

このほか、人事で先を越された恨み言、異性・同性への想いなど、現代の日記に通ずる個人的な記述も見受けられる。ただこれは書き手の個性によるので、ひき込まれるように読んでしまう人間味のある日記もあれば、行事の記録や書類、手続きなどを淡々と事務的に記録した、その意味では面白みのない日記もある。

個人の日記なのだから、誤りや意図的な虚偽の記載の可能性があるのではないか？　という危惧があるかもしれない。もちろん、事実と異なる記述がないわけではない。本人が意図しない誤りについては、その儀式や行事を記した他の貴族の日記あるいはその他の記録が残存している場合は、それらと突き合わせることにより、誤りを発見できる。また、意図的な虚偽の記載については、基本的にはあり得ないと言って良い。自分の日記が、子孫たちのお手本とされるのであるから、事実と反することを書けば子孫の誤りにつながり、結果として一族の損害となる。

『台記』久安元〈一一四五〉年

十月廿三日

昨日召使い国貞、庁の下部の為に殺さると云々。くだんの国貞、よく官・外記を知る。今、殺さるは太政官の愁いなり。

十二月七日

今夜、法皇御悩す。非常赦を行はると云々。

十二月十七日

召使い国貞を殺すところの庁の下部、去る七日の非常赦、免ぜらる。今夜、くだんの下部、殺さると云々。国貞、忠を以て君に事ふ。今、その仇、殺さる。天の然らしむるか。太政官の大慶なり。いまだ、何人の所為か知らず。

或る曰く、国貞の子の召使いの所為と云々。

藤原頼長の日記『台記』久安元年十月廿三日条には、太政官の雑務をよく知る召使の国貞という人物が殺され、太政官が困っているという記事がある。この事件の殺人犯である検非違使庁の下部はまもなく捕らえられたようだが、十二月七日の「法皇御悩」の快癒を願っての特別の赦によって放免されたようである。赦による放免の十日後、犯人は何者かによって殺された。『台記』は誰の仕業かわからないが「天の然らしむるか」と記し、天罰であるといっている。ある情報として国貞の子の仕業かとも、記している。もし、藤原頼長がここで筆を止めていれば（普通はここで終わる）、事件の真相は闇の中で、日記を読む側は「誰かが報復したんだろうな」くらいで次の日の条へ目を移すところである。ところが頼長は『台記』その末尾に割り注のような形で「その実…」と真相を暴露している。そこには

その実、余、左近府生秦公春に命じ、これを殺さしむ。天に代わって之を誅す。なお武王の紂を誅するが如きなり。人、敢えて之を知るなし。

と書かれている。驚くべきことに、頼長は腹心の部下である秦公春に命じて、殺人犯である庁の下部を殺させていたのである。まさに「天に代わって」お仕置きだ、というのである。そして、その真実を知る人は誰もいない、と書き残している。

このように日記に真実を暴露するのは頼長の個性によるのではないかと、感じられるかもしれない。たしかに、現代のネット上のブログなどでも、非常に詳細に書き込んであるものもあれば、予定表程度のあっさりしたものもある。そこで頼長以外の日記も見てみよう。

関白閉門す、下人云く「□堅固の物忌と称す。実は早旦、密かに白河第に行く。」てへり。

（『小右記』長元五年十二月十一日条）

『小右記』の記主藤原実資は、関白藤原頼通が物忌みと称し閉門しながらも、実際は白河第へ出かけて

いるという下人から得た情報を書き残している。このほか、

内記、腋陣においてこれを写し留む実は、かねて内々に省官に尋ねあわせて写し取ると云々。

（『山槐記』治承四〈一一八〇〉年十月十四日条）

とある。『山槐記』の記主藤原忠親は、内記が陣の腋で書類を書き写したことになっているが、それ以前に内々に担当官僚に問い合わせ、その内容を写し取っていたという実情を暴露している。このように、日記に「実は」と真相を書くのは、藤原頼長の個性などではなく、貴族日記の特性なのであった。

以上述べてきたように、貴族が日記に虚偽の記述をするメリットは何も無い。むしろ、頼長らのように「実は…」と真相を書く。もし虚偽を書いてしまうと、それを真実と受け止めてそれに基づいて行動する後世の子孫の不利益となる可能性が大きい。例えば、ある貴族が儀式での手順の間違いをしたとしよう。失敗を無かったことにして、大昔のＣＭ（若い読者にはわからないかもしれないが）であったように「…と日記には書いておこう」と、失敗をごまかして完璧にこなしたように日記に書いたとして、得られるものは自己満足しかない。一方、失敗経験を隠さず記載しておけば、それが教訓となり子孫が同じ失敗の轍を踏む事が避けられる。ゆえに、日記を書くときの基本姿勢は事実の記述であり、だからこそ、この時代の貴族の日記は、歴史の史料として有効なのである。平安貴族の日記に限っては、特別な場合を除き「…と日記には書いておこう」は、ありえない。子孫のために書き残す記録としての「日記」と

いう意味合いが、個人の感慨や思い出を記す事を目的としている現代の日記との最も大きな違いである。ある意味、子孫のために真実を記録するという、歴史学の基本姿勢を私たちに示してくれている。

三　物語の怖さ――より「頼長的」な頼長

物語で歴史を理解してしまうことの怖さの実例を示しておこう。平安末期の説話物語『古事談』に次のような話が載っている。

> 冷泉中納言朝隆蔵人頭の時、何事とかやに公卿の座の末に居たりけるを、宇治左府追ひ立てらる、と云々。其の詞に云はく、「蔵人頭は召し有る時こそ座の末には候へ。推参は甚だ見苦しき事なり。早く罷り立つべし」と云々。朝隆、「力及ばず」とつぶやきて退起す、と云々。
>
> （『古事談』新日本古典文学大系41、岩波書店、二〇〇五）

『古事談』の説話の概略は次の通り。

冷泉中納言藤原朝隆が蔵人頭であったとき、何かの折に公卿の座の末席に列席していたところ、宇治左大臣藤原頼長によって追い払われた。その言葉は「蔵人頭は召しがあったときには末席に連なってもよいのである。自分からやってくるのは、たいへん不作法であるので、早く退席しなさい」というものであった。朝隆は「力及ばず（＝いかんともしがたい？）」とつぶやき退席したということだ。

おそらく理屈から言えば頼長が正しかったのであろう。だから朝隆は何の反論も出来ずに引き下がらざるを得なかった。先に示したように、天に代わってお仕置きをするような頼長であれば、公衆の面前で恥をさらすことになった蔵人頭の立場や心情を慮ることなく、その不作法を一喝して退席させるくらいはやってのけるはず…と、この逸話を読んだ読者も思われたであろう。おそらく、昔の読者もこの話をさもありなんと信じ、頼長の人物像はさらに頼長的に造形されていった。

ところが、頼長の日記『宇槐記抄』（＝『台記』）に残っている記事によると真実は以下の通りである。

『宇槐記抄』仁平元〈一一五一〉年五月十九日

最勝講なり。今日、講の間、頭右大弁朝隆朝臣、上達部の座の末に着す。翌日、余、書敦保書くを送り問ひて曰く、「殿上の座及び大臣家、蔵人頭、当座の上臈の意により、上達部の座の末に加着す。これ前跡有り。御前座に至りては、蔵人頭、上達部座に加着するをえず。しかるに昨日これに着す。若しくは所見有るか。朝隆陳ぶる無し。この後また着さず。

今日の最勝講の間、蔵人頭右大弁朝隆朝臣が上達部（＝公卿）の座の末席に着していた。（不審に思ったので）翌日、私は手紙（敦保に書かせた）を送って質問をした。「殿上の座や大臣家に着するときには、蔵人頭はそのときの最高責任者の判断によって、公卿の座の末に加わって着すことができます。これには前例もあります。ただし（昨日のような）御前座の場合は、蔵人頭は公卿の座に加わって着することはできないはずです。ところが（あなたは）昨日、公卿の座の末席に着していました。もしかすると何か前例や根拠などあってのことですか？」。朝隆は何も陳べてこなかった。そして、この後二度と（公卿の座の末席に）着すことは無かった。

いかがだろうか。朝隆が不作法であったことに違いは無い。そしてそれを頼長が咎めたということも共通している。しかし、その過程はずいぶん違っている。実際の頼長は、公衆の面前で追い払って朝隆に恥をかかせるようなことはせず、翌日書面をもって確認をしている。それも、いきなり咎めるのではなく、朝隆が何か前例に基づいて行動しているかを確認するという形をとっている。実際は、頼長はこのような前例・作法については詳しいので、そんな前例のないのは百も承知である。にもかかわらず、ズバッと間違いを指摘しない頼長の手法は人によってはかえって嫌らしいと感じられるかもしれないが、相手の立場を徹底的に損なわないこのような方法の方が、貴族社会では穏便な処理であった。

『古事談』では、作法を間違った部下を上司や同僚の前で叱責したとされる人物が、日記によれば、相手の面目や立場を配慮しながら作法の間違いを指摘している。ずいぶん、印象が変わるのではないだろうか。『古事談』は、源顕兼（一一六〇～一二一五）が文字通り「古事」をあつめて「談」じた説話集で、事実をベースにした話も多いが歴史的に誤りとされる話もあることが指摘されている。このエピソードも、源顕兼が生まれる九年前の話であり、顕兼の耳に入ったときにはすでに真実は脚色されていたのであろう。それも人々が思い描く偶像としての頼長像に引きづられ、より頼長的なエピソードとなる方向に。

これが物語の怖さである。同じことが『平家物語』の平氏の人々にも言えるのではないだろうか。その真相を私に示してくれるのは『宇槐記抄』のような貴族の日記である。本書で『平家物語』の対極に貴族日記を置き、虚像と実像として対比させるのは、以上のような理由による。

長々と貴族日記の史料性について説明をしてきたが、貴族日記の本質は真実の記録であり、だからこそ文学性のために虚構や脚色が許される文学と対置させることが出来るのである。貴族の日記と文学は、似たようなもの、隣りあうもののように、一般的には思われているかもしれないが。

以下、本書では、貴族「日記」と比較することによって、『平家物語』の虚像を浮かび上がらせていきたい。ただ、それは『平家物語』がウソを書いているということを言いたいわけではない。『平家物語』の作者が実像と変えて描き出した虚像こそむしろ物語の文学性なのであって、実像と違うから価値がないというわけではない。注意したいのは、その虚像を実像と誤解して歴史像を描いてしまうことである。また、本書では歴史の実像を明らかにする一環として、従来あまり採り上げられることのなかった平安貴族社会の様相についても、貴族「日記」を基本にして述べていくことにする。

なお、以下本書は貴族の「日記」を素材に真実を掘り起こしていくが、その作業は専門外の方には煩雑で、偏執的にすら思われるほど、細かな部分にこだわる場合もある。小説家は自分の構想通りに登場人物を動かしていくが、歴史学者には「自分の構想」は許されない。もちろんある程度の仮説を立てて史料に取り組むこともあるが、真実の検証には自分の構想は一切まじえてはならない。読者の方々には、ときに煩わしく退屈に思われる論証に出来ればおつきあい願いたいと思う。歴史学者がけしてロマンチックな仕事ではなく、むしろ性格が歪んでしまいそうなほど過酷なものであるということが少しご理解いただけるかもしれない。

第一章　「平家に非ざれば人に非ず」

その昔、もう半世紀も前のことになるが、小学生の頃読んだ児童向けの『平家物語』が、私の平安時代史研究者としての第一歩となった。その一節を引用してみる。

清盛の父忠盛がはじめて《殿上人》になりました。世間は大さわぎしました。〈いやしい武士が殿上人になどなりおって〉と、目をむいてそねみ、にくみ、あざけりましたが、それから三十年とたたないうちに、その子清盛が太政大臣という臣下で最高の役に昇ったのですから、いかに平家の出世が早かったかがわかりましょう。のみならず、その子重盛・宗盛以下一門の人びとも、それぞれ重要な役目につき、娘の徳子は高倉天皇中宮となり、領地は日本六十余州の半分にもおよびました、〈平家でなければ人間でない〉と、大ぼらをふく者もあらわれました。

（長野甞一『平家物語』「古典文学全集」10、ポプラ社、一九六五）

昨今のように悪質なヘイトスピーチが飛び交う社会であればそうは感じなかったかもしれないが、半世紀前の地方の純朴な小学生には「平家でなければ人間でない」という言葉は強烈に印象づき、その後研究者になって真実を知るまでの長い間続く「悪役平家」のイメージ形成のきっかけとなった。

このような悪役平家像をもつのは私に限ったことではなく、ドラマ化される場合にも多くの場合「奢れるものは久しからず」のモチーフのもとに、平家は最後にはやられてしまう悪役として描かれることが多い。ただ、この悪役像は平家に限らず平安貴族全体の描かれ方に共通する特徴で、この時代を扱うドラマにおいて貴族を演じる場合、特別の役割を与えられた人物以外は、いかにも意地悪そうな俳優が演じることが多い。無骨ではあるが純朴で力強い、好意的な武士の描かれ方ときわめて対照的である。

さて、少し角度を変えてみよう。

治承四〈一一八〇〉年、伊豆に流されていた源頼朝が挙兵したが、平家側の大庭景親に石橋山で敗北した。私が「日本史」教科書の執筆者だと仮定し、この事件を教科書に記述するに際し、次のような文章を囲い込みの参考資料として掲げたとしよう。執筆者である私に、どのような批判が寄せられるだろうか？

平家ではみな閑々としていた。相国入道清盛のみが、「頼朝は人非人である。あの男がひとなら、謀叛をおこせるわけがない」と、道徳論でこの事件を論じた。むかし、清盛の継母池ノ禅尼が、右兵衛佐（頼朝）は自分の死んだ子の家盛に生き写しの顔だちである、家盛への供養のためにいのちだけはたすけてあげてたもれと清盛に乞うがために清盛は死一等を減じた。その恩をおもえば平家に弓をひけた義理ではあるまい。という、いわば釣殿の縁でひまつぶしの茶飲み話でもしているような感想をのべただけである。

（司馬遼太郎『義経』富士川、文春文庫・上巻、二〇〇四）

まず、「創作である小説の一節を、歴史の教科書に史料としてとりあげるとはなにごとか」という根本的な姿勢に対する批判が寄せられるだろう。また、少しでも学問としての歴史学を学んだ方なら、清盛が頼朝を「人非人よばわりしたという史料的根拠はあるのか？」という疑問も抱くだろう。

当然の疑問である。歴史の教科書に記述したり掲載したりする文章や史料には、必ず客観的証拠や裏付けが求められる。清盛による人非人発言を教科書に載せる場合、当然その根拠を提示する責任が、私に求められる。ところが、実際にはそんな史料は存在しない。この部分は司馬遼太郎氏の創作なのだから、そもそも有るわけがない。だから、当然この発言の証拠など示すことは出来ない。ゆえに、この司馬遼太郎氏の文章は、教科書に「史料」として載せてはならないのである。

このように、物語作者による創作である文章を「史料」として歴史の教科書に載せることは適切ではない。司馬氏の小説は『坂の上の雲』など評価が高いものであることは十分承知しているし、筆者も若い頃読みふけったものである。しかし、どんなに文学作品として優れていたとしても、それを歴史の教科書に「史料」として採用することは、歴史学者としては慎重になるべきなのである。

さて、次に実際に学校で使われている教科書を掲げてみる。本書の読者であれば、常識と言ってよい史料のはずである。

六波羅殿の御一家の君達といひてしかば、花族も栄耀も面をむかへ肩をならぶる人なし。されば人道相国のこじうと平大納言時忠卿ののたまひけるは、「此一門にあらざらむ人は皆人非人なるべし。」とぞのたまひける。かゝりしかば、いかなる人も相構えて其ゆかりにむすぼゝれむとぞしける。（略）

日本秋津嶋は纔に六十六箇国、平家知行の国卅余箇国、既に半国にこえたり。其外庄園田畠いくらといふ数を知ず。

（『平家物語』）

（『詳説日本史B』山川出版社、二〇一二）

多くの日本人の平家に対するイメージ、それも傲慢で横暴なマイナスイメージのもとになっているのはこの史料ではないだろうか。「平家にあらざれば人に非ず」という平時忠の言葉、高位高官を独占している平氏一族の様子など、このあと治承寿永内乱期を描くドラマに出てくるいわば国民的常識となっている平氏像は、まちがいなくこの史料を出発点にしている。

ところが、先の頼朝挙兵の例に挙げた「創作である小説の一節を、歴史の教科書に史料としてとりあげるとはなにごとか」という根本的な批判、「人非人よばわりしたという史料的根拠はあるのか？」という学問的疑問を、この平氏の史料について抱く人はほとんどいない。しかし、それでは理屈に合わない。司馬遼太郎の『義経』も『平家物語』も、ともに文学作品であり、二つの疑問の矢は、日本史教科書についても向けられるべきものである。

平時忠の「此一門にあらざらむ人は皆人非人なるべし」という発言は、平家の横暴を象徴する発言としてきわめて名高いもので、学校でこのあたりを習うときには必ず参考資料として使われる。平家でなければ人ではない、という意味の言葉は、聞く人に平家の横暴を強く印象づけてしまう。しかし、史実として平時忠がこの発言をしたという記録は全くない。今後、その裏付けとなる一次資料が見つかれば別だが、現在のところ、物語の上での虚構というしかない。少なくとも、あたかも事実のように歴史の教科書に教材として載せるのには、歴史学者として私は賛成できない。

あの時忠ならそれくらいの言葉は発したかもしれないではないか、との反論が出るかもしれない。しかし、「あの時忠」というとらえ方自体が既に問題なのである。日本の一般の人々が平時忠について「あの時忠」などというイメージを持つ機会は、この『平家物語』の一節以外ない。この文章によって知らず知らずのうちにできあがってしまっていたイメージを先入観として抱いて、この文章を読むのだから、非常に自然に受け容れられてしまうことになる。

一　「人非人」と「人に非ず」

平時忠の「人非人」発言を裏付ける史料は何も無いということを確認した上で、この発言について少し考えてみよう。子供向けの本などには「平家にあらずんば人に非ず」と訳して表現することが多いので、一般にもこの表現で受け取られている場合が多いが、実は原文は「人に非ず」とはなっていない。さらに数種類ある『平家物語』諸本の間にも文言の違いがある。

平家物語諸本	記述
覚一本	「此一門にあらざらむ者は皆人非人たるべし」。
屋代本	「此一門ニアラザル人ハ皆人非人ナルベシ」、
南都本	「此一門ニアラザラン者ハ皆人非人也」、
長門本	「此一門にあらざらんものは、男も女も法師も尼も皆人非人なり」、
延慶本	「此一門ニ非ザル者ハ男モ女モ法師モ尼モ人非人タルベシ」、
四部本	「非らむ此の一門に之者有ケル男モ女モ法師モ尼モ人非人也トソ」、
源平闘諍録	「非此ノ一門一者男モ女モ尼モ法師モ人非人也トソ」、
源平盛衰記	「此一門ニアラヌ者ハ、男モ女モ尼・法師モ、人非人」

前掲の「日本史」教科書の史料は、屋代本にもとづいた記述であることがわかる。原文には「人に非ず」とは全く記されていないのである。原文には「人非人」とあるものが、なぜ「人に非ず」（平氏でなければ人ではない）と置き換えられるようになったのだろうか。諸説あるようだが、江戸時代、十九世紀の『日本外史』あたりから始まったようである。『日本外史』には

帝母之兄大納言時忠謂衆曰、方今天下之人、非平族者非人也、当是時、平族為朝官者六十余人、其采邑跨三十余州、朝政尽決於清盛、（巻一・平氏）（有朋堂文庫・上巻、一九二一）

小学館「日国.NET」「編集部カード」の読みには、

帝母の兄大納言時忠、衆に謂ひて曰く、方今天下の人、平族に非ざれば人に非ざるなり。この時に当たり、平族朝官たる者六十余人、その采邑三十余州を跨ぎ、朝政清盛に尽決す。

とある。この記述もおそらく『平家物語』の影響を受けた記述と思われる。「平族に非ざれば人に非ず」という記述が、このあとの「平氏にあらざれば人に非ず」という解釈の起源になったというよりは、江戸時代以降の人が「人非人」という用語を見たときに、普通の理解として「人に非ず」と解釈していたということで、その典型が『日本外史』であったとみた方が自然であろう。

たしかに江戸時代以降「人非人」は「人でなし・人間ではない」の意味で使われている。しかし、「かなし」とか「あはれ」のように、現代日本語の単語の意味が、平安時代頃とは違った意味を持つことがある。であれば「人非人」の語が、平氏の時代にどのような意味で使われていたのか、確認作業をすること無しには、平時忠の発言の意味を語ることは出来ない。この不可欠な作業を怠ってきたのは、研究者の怠慢である。

二　「人非人」の用例と意味

ただ、研究者が全くこのことを見逃してきたわけではない。「人非人」について、「人ではない」という解釈が正しくないことは、既に文学研究者から指摘されている。『新潮日本古典集成』の註には、「仏教語で八部の鬼衆（略）をいう。人ではないが仏法を聞くために人の形をとる。仏国にあっては外周或いは下層に配せられるので、平氏の天下における他氏の立場をこう譬えたのである。時忠の言葉を俗に「人にして人に非ず」と解するのは正しくない」とある。

『日本国語大辞典』の「人非人」の項には、次の四つの意味があげられている。

（1）仏語。天竜八部の一つ。緊那羅（きんなら）の別名。また、天竜八部をさすと解されたこともある。
（2）仏語。人と人でないもの。比丘・比丘尼など四衆は人、天・龍などは非人。
（3）人でありながら人としてみとめられないもの。人の数にはいらないもの。
（4）人の道に外れた人。義理人情をわきまえない人。忘恩の徒。人でなし。

「此一門に非ざらむ者は」の書き出しから考えて、ここでは仏語としての（1）・（2）の意味はそぐわない。四つの意味のなかでは（3）がしっくりくるが、しかし、「此一門でない者は〈人でありながら人としてみとめられない〉」とか「此一門でない者は〈人の数にはいらない〉」では、いまひとつしっくりとこない。『新潮日本古典集成』の註の解釈は（3）であり、『日本国語大辞典』も『平家物語』の当該部分を（3）の例文としてあげている。

さて、ある古語の意味を考える際に最も基本的な方法は、その言葉のその時代での用法を検討することである。この最も基本的な検討が不十分であったように思う。そこで、ここではその検討を行っていきたい。その際に、用例検討の中心になるのは当時の記録類であるが、八百年ほど前の記録は少ない。現存するのは、一部の貴族の日記と、貴族や官庁などが出した書状や文書類である。

この時代の古文書は竹内理三氏によって、平安時代の古文書は『平安遺文』として、鎌倉時代のそれは『鎌倉遺文』として編纂され、ほとんどのものが収録されてる。この書により各地に散在していた古文書が史料として活用しやすくなり、歴史学は飛躍的に進歩した。私も、学部生の時から利用し、多大の学恩を受けている。

「人非人」の用例を、その『平安遺文』で探してみたが見当たらない。『鎌倉遺文』には二例あった。しかしその二例は

文永十〈一二七三〉年五月　日
「人天四衆八部人非人等也といへとも……」　（『鎌倉遺文』一一二七五号）

弘安三〈一二八〇〉年正月二七日
「王にもあらす、民にもあらす、人非人也、法華経の大事と申は是也」　（『鎌倉遺文』一三八四七号）

どちらも『日蓮聖人遺文』を出典とするものであり、『日本国語大辞典』の（1）もしくは（2）の用例である。また、平時忠と日蓮の没年は、ほぼ一世紀の隔たりもある。

つまり、この時期の古文書には平時忠の時代の用例を示すものはない。では、貴族の日記には見つからないのだろうか。実は同時代の日記に一例だけではあるが見つけることが出来た。平安時代の記録類での「人非人」の用例は、このただ一例のみである。具体的な用例を示すために原文も示すことにする。

『玉葉』元暦元〈一一八四〉年八月一日
伝聞、御即位右方殿上侍従盛定朝臣、兼日進領状、前日辞退、遂以不参、法皇六借給、其罪何様可被行哉之由被仰摂政、々々、早（申カ）可在勅定之由、而於院人非人等集居評定云、可及贖銅歟云々、盛定其身為雲客、除籍之外不可及他事歟、君暗而迷少事、況重事哉、国家之敗乱宜哉々々、

伝へ聞く、御即位の右方殿上侍従盛定朝臣、兼日に領状進らすに、前日辞退し、遂に以って参らず。法皇、むつかり給ひ、その罪、何様行はるべきやの由摂政に仰せらる。摂政、勅定あるべきの由を申す。而して、院において人非人等集り居りて評定して云く、贖銅に及ぶべきかと云々。盛定、その身雲客たり。除籍の外、他事に及ぶべからざるか。君、暗にして少事に迷う。況や重事においておや。国家の敗乱、宜なる哉、宜なる哉。

七月二八日に後鳥羽天皇の即位が行われた。平氏により持ち去られた「剣璽」がないままでの異例のものであった。その儀の際、右方の「殿上侍従」の役割を果たすはずの「盛定朝臣」が欠席をした。役割の割り宛ての際には「領状」すなわち了解していたのだが、前日になって「辞退」し、おそらく承認されないまま当日も「不参」という状況であった。当然、差配した後白河上皇は「六借」（＝むつかる）すなわち気分を害し、どのように処分したら良いかということを摂政藤原基通に相談をした。摂政基通は「上皇様の御決定なさることです」と答えた。そこで、院において「人非人」たちが集まって評定を行い、「贖銅の処分が適当なのではないか」という意見が出た。これについて『玉葉』の記主九条兼実は、盛定は殿上人の身分であるので、その処分は除籍（殿上人としての籍を抜かれること）以外ない、と考えを記している。そして続いて、後白河上皇への批判的な感想が書き留められている。後白河上皇は愚かなのでこの程度の小事の判断を誤るのである。ましてや国家に関わる重大事で判断を誤るのは当然である。天皇を中心とする国家が衰退していくのは当然のことだ。

結果的に見ると、院での評定で出た「贖銅」処分は妥当なものではなかったらしい。『山槐記』同年七月二八日条には

　また、（＊愚息左少将兼宗、右少将忠季）曰く、前丹波守盛定、右威儀侍従を勤仕せざるにより、恐懼す。頭中将通資朝臣宣下すと云々八月四日来り示し、今日宣下す。

とあり、「恐懼」すなわち謹慎処分が後日正式に下されたようである。

さて、天皇の即位式の儀に加わる役人のいわゆるドタキャンがあいつぐなど興味深いが、事の顛末はひとまず措くとして、ここで院において処分を協議したのが「人非人」であったことに注目したい。上皇の御所で、殿上人の処分を評定するのであるから、「人間ではない人」・「人でなし」という意味では説明がつかない。つまり、平氏が実際に活躍した時代の用語としての「人非人」は、「平家でなければ人間でない」という現代人の常識的解釈では使われていないことが、この用例によって証明されたことになる。

この常識的解釈を先の『玉葉』の「院において人非人等集り居りて評定」に適用すると、「院において下層の人々が集まって評定」したということになる。「下層」という言葉をどう捉えたらいいか。少なくとも院で殿上人の処分を議定している院の近臣なので、とんでもなく低い身分とは考えられない。もちろん後白河上皇の周囲には身分の低い芸能者たちも出入りしていたが、彼らには「贖銅」や「除

籍」などの法律的知識はなく、処分の評定には参加不可能である。出席できたのは、たとえそれが正確でなくても、貴族・官人の欠勤・怠慢に対する処分の選択肢として「贖銅」がありうるという程度の知識を持つ人々ということになる。院近臣や実務官人とよばれる中下級の貴族層の人々と考えて良いであろう。『玉葉』の記主九条兼実にとって自らと同じ階層である公卿のみが「人」であり、それ以下の人々はすべて「人非人」なのであろう。

貴族の日記には一例しかないので、その他の用例を物語などに範囲を広げて探してみると、いくつか見つけることが出来た。

(用例)1『大鏡』

さて、式部卿の宮の御ことを、さりともさりともと待ち給ふに、一条院の御悩重らせ給ふきはに、御前に参り給ひて、御気色賜はり給ひければ、「あのことこそ、つひにえせずなりぬれ」と仰せられけるに、「『あはれの人非人や』とこそ申さまほしくこそありしか」とこそ宣ひけれ。

『小学館新編日本古典文学全集』の訳を引用しておく。

さて、式部卿の宮(敦康親王)の立太子を、いくらなんでもそのうちにはとひたすら待っていらっしゃいましたが、一条天皇のご病気が重くなられた折、天皇の御前に参られ、ご内意をいただかれたところ、「あのことは、とうとううまくゆかなくなった」とおっしゃったので、「思わず「ああなんという人でなしか」と申しあげたいくらいだったよ」と、後で人に話されたことでした。

藤原隆家（九七九〜一〇四四）は姉定子（九七七〜一〇〇一）の産んだ式部卿宮敦康親王（九九九〜一〇一九）を、時の一条天皇（在位九八六〜一〇一一）の後継にと望んでいた。敦康親王は天皇の第一皇子であり、本来なら次期天皇の最有力候補であるはずだったが、母の定子も、庇護者であるはずの祖父道隆も既にこの世にない。それでも叔父である隆家は、「さりともさりとも」と一条天皇の決断に一縷の望みを託していた。一条天皇の体調が悪化した際に「御気色」すなわち天皇の意向を確認しに御前に参ったところ「あのこと（敦康親王のこと）は、ついにできないことになってしまった」とのことであった。これを聞いた隆家の感慨として「『あはれの人非人』と申したいくらいでしたよ」という言葉が出てくる。「あはれ」という言葉は多様な意味を持っており、解釈しにくい単語であるが、『枕草子』の「正月一日は」の「得たるはいとよし、得ずなりぬるこそいとあはれなれ」（訳：（思いどおり官職を）得たのは大変よいが、（官職を）得ないでしまったのは、ひどく気の毒である）の「あはれ」、「かわいそうだ。気の毒だ。」の用法が近いであろうか。

ところで「あはれの人非人」とは誰のことを指すのであろうか？　結局は敦康を後継者に出来なかった非力な一条天皇を、天皇でありながらその力を持たないとして「人非人」と表現したのか、あるいは本来なら十分次期天皇の資格を持ちながら結局はなれずにただの親王として終わってしまう敦康をさすのか、あるいは外戚でありながら第一の親王を皇位につけることも出来ない非力な自分を指すのか、国文学者の正確な解釈を俟ちたいところである。
いずれにしても、それぞれの本来、あるべき姿や目指すべき地位を卑下する例えとして使われているということになる。

（用例）2『無名抄』
不可立歌仙教訓事
同じ人（＝故筑州）、常に教へて云、「あなかしこあなかしこ。歌よみな立て給ひそ。歌はよく心すべき道なり。われらがごとく、あるべき程定まりぬる者は、いかなるふるまひをすれども、それによりて身のはふるる事はなし。そこなどは、重代の家に生れて早くみなし子になれり。人こそ用ゐずとも、心ばかりは思ふ所ありて、身を立てんと骨張るべきなり。しかあるを、歌の道その身に堪へたることとなれば、ここかしこの会にかまへてかまへてと招請すべし。よろしき歌詠み出たらば、面目もあり、身の名誉もいできぬべし。さはあれど、所々にへつらひ歩きて人に馴らされたちなば、歌にとりて人に知らるる方は有りとも、遷度の障りとは必ずなるべかなり。そこたちのやうなる人は、いと人にも知られずして、さし出づる所には『誰ぞ』などと問はるるやうにて、心にくく思はれたるはよきなり。さて、何事をも好むほどに、その道にすぐれぬれば、「錐、袋にたまらず」とて、其聞え有りて、しかるべき所の会にも交はり、雲客月卿の筵の末にも臨む事も有りぬべし。これこそ道の先途にてはあれ。ここかしこの人非人がたぐひに連なりて、人に知られ、名を挙げては、何にかはせん。心にはおもしろくすすましく覚ゆとも、かならず所嫌ひして、やうやうしと人に言はれむと思はるべきぞ」となむ、教へ侍りし。（久保田淳訳注『無名抄』角川ソフィア文庫、二〇一三）

難解な文だが、久保田淳氏の訳を引用しておく。

「歌仙を立つべからざるの由教訓のこと」

同じ人（筑州＝中原有安）がいつも教えていうことには、「決して決して、歌人であることを表に立てなさいますな。歌はよく注意しなくてはならない道だ。私たちのように、あるべき身分が決まってしまった者は、どんなふるまいをしても、それによってその身の落ちぶれることはない。（それに対して）君などは重代の家に生まれて、幼い時にみなし子となった。たとえ他人が用いなくても、心だけは思うところがあって、立身しようと頑張るのが当然だ。ところで、歌の道はその身に得意なことだから、あちこちの会に、『かならず、かならず出てほしい』と招くであろう。よい歌を詠んだならば、面目でもあり、歌道の名誉にもなるであろう。ではあるか、あちらこちらに追従して歩いて、人に馴れ馴れしく、軽く扱われてしまうと、人に知られる点はそれでよいとしても、きっと将来の出世の支障となるであろう。君たちのような人は、よく人にも知られなくて、出席した所では、『誰だ』などと尋ねられるような状態で、もっと知りたいと思われるのがよいのだ。そして、何ごとも好いてするうちに、その道に勝れると、諺の『錐、嚢にたまらず』(勝れている者はいつまでも隠れていない)というわけで、評判になって、しかるべき所の歌合にも参加し、殿上人や公卿の歌の席の末に連なることもあるであろう。それこそが歌の道での出世であるのだ。あちこちのたいしたこともない人々の仲間と一緒になって、人に知られ、名を上げたところで、それが何だというのか。たとえ自分の心にはおもしろく気が進むと思っても、かならず場所選びをして、もったいぶっていると人に言われるようになろうとお思いになるべきだ」と教えました。

この「人非人」を久保田淳氏は「たいしたこともない人々」と訳している。なかなか現代語訳が難しい部分ではあるが、少なくとも「人間ではない」とか「人でなし」という意味では、文意が通じなくなってしまうことは確かである。

(用例3)『曽我物語』

さてこそ五郎時宗は切られべきに定まりけれ。鎌倉殿、重ねて仰せられけるは、「汝がこの謀叛を起しける時は、東八ケ国の内には誰か語らひたりける。正直に申せ」と仰せらるれば、五郎打咲て申しけるは、「我々程の貧道の者には、何の輩か語らはれて身を徒になさむと思ふ者、何の浦にか候ふべき。但、一腹の兄にて候ひし京の小次郎をこそ語らひ候ひしかども、君に恐れをなし進せつつ恥をば顧みず引き退き候ひぬ。また従父にて候ひし三浦余一に申し合せ候ひしも、頻りに制し候ひし間、戯れに申しなして留め候ひぬ。かく親しく候ふ者共だにも憑まれ候はず。何事やらむと聞き出して御気色に入らむと思ひたる者共のみ多く候ふ世の中に、かかる人非人の身が広量に他人を語らひ候はむは、手を出して縛られ、首を延べてこれを切れと申すに似てこそ候へ」と申しければ、（略）

（新編日本古典文学全集53、小学館、二〇〇二）

敵討ちの後、曽我兄弟の弟「時宗」（＝時致）が、頼朝の「東八ケ国の内には誰か語らひたりける」つまり、誰か支援した者はいないか？　という尋問に答える場面である。けっきょく誰も支援者などいない、「かかる人非人の身」では、憚ることなく支援を求めることなど出来ない、という趣旨の答をしている。逆に言えば、人非人ではない人（二重否定で複雑になってしまうが）とは、このような場合に関係者に支援を求めることのできる存在だというのである。つまり、普通の鎌倉幕府の御家人であるかどうかということである。

（用例）4『川上宗二記』

其比。茶の湯せざるも（者は）人非人と等し。諸大名は云うに及ばず。下々殊に南都・京・堺町人に至る迄、茶の湯専一とす。その中上手ならびに名物を所持するの者、京・堺の町人等も。大和大名に等しく御下知を下され、御茶の湯の座に召し出され、御雑談の人数に召し加えられ、これに依って、町人等なお御名物を所持す。

（東洋文庫二〇一「日本の茶書」一、一九七一）

これに関しては訳がないので、私が概略をまとめておく。

その頃、茶の湯をしないものは「人非人」と同じであった。諸大名は言うに及ばず、下々の者、とくに奈良・京・堺の町人に至るまで、茶の湯を第一としていた。そんななか、茶の湯の名人や名茶器を所持している者であれば、京や堺の町人であっても大和の大名と同じように指示を出して、茶の湯の席に召し出され、歓談の仲間に加えられた。このことにより、町人たちはますます名茶器を持つようになった。

解釈が難しいが、奈良・京都・堺の町人が「下々の者」であり、人非人はそれ以下の階層の人々ということになるか。あるいは、茶道を嗜まないのは人間ではないと言っているのか。もし後者であるとすれば、戦国時代には人非人＝人でなしのような語感が出始めてきていることになる。

以上見てきたように、少なくとも鎌倉時代の用例を検討すると、「人非人」は、「人でなし」とか「人間ではない」という意味で用いられているのではなく、その発言者の所属する集団や階層において、正式な扱いをされない存在という意味で用いられていたということがわかった。

あらためて教科書の囲い込み史料の『平家物語』を思い出してみよう。

まず、「六波羅殿の御一家の君達といひてしかば、花族も栄耀も面をむかへ肩をならぶる人なし」と述べ、平氏の公達たちが従来の貴族の家格序列を越える存在になっていたことを述べる。次に「されば」と接続詞が続く、平氏のそのような状況を受けて、「此一門にあらざらむ人は皆人非人なるべし。」という有名な言葉が続く。それを「かゝりしかば」と接続し、「いかなる人も相構えて其ゆかりにむすぼ、れむとぞしける。」つまり、平家の縁に繋がろうとしていると受けるのである。とすれば、この「人非人」について、時忠の言葉の前後を整合的に理解できる解釈は、先に示した『玉葉』や『曽我物語』の用法で見た、その集団・階層でまともな扱いをされる人々ではない人、という意味しかない。したがって、現在、一般的に理解されている「平家でなければ人ではない」とか「平家でなければ人でなし（現代語の意味として）である」という解釈は誤りである。

一般的には平時忠の発言は史実のごとく受け取られている。しかし、貴族日記などの正式な史料上で、この発言は確認できない。では、時忠が発言をしなかったという証拠を出せ、と言われても論理的に不可能である。歴史学者として軽々には言えないが、私の「感触」としては、この発言は『平家物語』の創作だと感じている。

序章で示した藤原頼長の『古事談』の説話と『宇槐記抄』の真実の事例を思い出していただきたい。その説話のコアとなる出来事はたしかにあったのかもしれない。口伝えに情報が伝達される当時の社会において、伝言ゲームのように情報は変形していく。そしてその変形の方向は人々が思い描く先入観に引きづられやすい。藤原頼長の場合も、不作法を手紙で確認して諫めただけのことが、日頃の厳しい頼長のイメージがその話を人々の期待する、より「頼長的」な方向に増幅し、歪めていった。平時忠も検非違使別当時代に過酷な処罰を行ったり、権力を誇るような行動を見せていたことはたしかである。時忠に限らず、平氏の人間であれば誰だって周囲に「平氏関係者の方が出世はしやすいよね」くらいのことは言っただろう。時忠もその程度のことは語っていたのかもしれない。それが人を介して伝わっていくときに、より「時忠的」に増幅・変形されていったのであろう。将来的に、時忠の発言を証明する史料が発見されれば別だが、史実で確認されていない発言を、あたかも史実であるかのように歴史の教科書に載せることには私は抵抗を感じてならない。

第二章　禿童――貴族の情報戦略

平時忠の「人非人」発言のすぐ後ろの段にも、よく知られている箇所がある。それは、平氏が京都市中に放った禿童の存在である。

いかなる賢王賢主の御政も、摂政関白の御成敗も、世にあまされたるいたづら者なンどの、人の聞かぬ所にて、なにとなうそしり傾け申す事は、常の習なれども、此禅門世ざかりのほどは、聊かいるかせにも申す者なし。其故は、入道　相国のはかりことに、十四五六の童部を、三百人そろへて、髪をかぶろにきりまはし、赤き直垂を着せて、召しつかはれけるが、京中にみちみちて、往反しけり。おのづから平家の事あしざまに申す者あれば、一人聞き出さぬほどこそありけれ、余党に触れ廻して、其家に乱入し、資財雑具を追捕し、其奴を搦めとツて、六波羅へゐて参る。されば目に見、心に知るといへど、詞にあらはれて申す者なし。六波羅殿の禿といひてンしかば、道を過ぐる馬車もよぎてぞとほりける。禁門を出入すといへども、姓名を尋ねらるるに及ばず、京師の長吏、これが為に目を側むとみえたり。

どんなにすぐれた賢王・賢主のご政治も、摂政関白のおとりはからいも、世間から見捨てられたやくざ者などが、人の聞いていない所で、なんということなく悪口を言い非難するのは、世間によくあることだが、この清盛の勢い盛んな頃は、少しも粗略に申す者がなかった。そのわけは、入道相国のはかりごととして、十四、五、六の童を三百人揃えて、髪の回りを切り垂らし、赤い直垂を着せて、召し使われたが、その童が京都中に満ちあふれ往来していた。たまたま平家の事を悪く申す者があると、それを聞きださないうちはとにかく、一人でも聞きつけると、ほかの仲間にふれまわして、その家に乱入し、家財道具を没収し、その男を縛りあげて、六波羅へ連れて来る。だから平家の横暴を誰も目に見、心に知っているといっても、口に出して申す者はない。六波羅殿の禿といったならば、道を通る馬や車もよけて通った。「宮門を出入りするけれども、警衛の武士に、姓名を尋ねられる事もない。京師の長吏はこのために、目をそらし見ても見ぬふりをする」と長恨歌伝に見えるが、全くそのように見えた。

（『平家物語』新編日本古典文学全集45、小学館、一九九四）

平家の悪口を言う者があれば、財産を没収し、六波羅に引っ立てる。こうして京中から平家への批判の世論を封じ込んだ、赤い直垂の三百人の禿童《かむろ》たち。赤という色の視覚的効果と相まって、平氏による言論弾圧のイメージを強く印象つける場面である。

味も素っ気も無い結論になって申し訳ないが、この禿の存在を証拠つける史料は今のところ皆無である。歴史学者は、全くの創作ということは無かろうと、その痕跡を探す努力をしてきた。

一　禿童の存在——「童」は子供か？

従来の研究で禿に関する文献的史料としてあげられているのは一点のみである。網野善彦氏は、『中右記』永久二〈一一一四〉年六月二二日条に、当時検非違使別当であった著者藤原宗忠が、童によって悪人が指名されたとの記事を記しており、このような童の存在が、『平家物語』禿童の背景にあったと考えている（網野善彦「童形・鹿杖・門前」）。

しかし、この史料はそう簡単ではない。問題の『中右記』永久二〈一一一四〉年六月二二日条を次に掲げておく。

院に参る、諸事を宗実に付して奏さしむ。御前に召す。（略）
また、「蔵人町の童、悪人を指し申す事」を申す。
仰せて云く、「実行の童大郎丸、悪人の由、先日聞こしめす所なり。召仕ふべからざる旨、初め仰せられ了。また召仕ふは奇恠なり。彼の童の指し申す所の交名は信じ難し（略）

当時、検非違使別当（＝当時の警察・裁判機関である検非違使庁の最高の地位で主として公卿が兼官した）であった『中右記』の記主藤原宗忠は鳥羽上皇の許に、諸事を報告し、判断を仰いでいる。その中に「蔵人町の童、悪人を指し申す事」があった。その際の院の仰せの中に、信じ難いと評価されてはいるが「彼の童の指し申す所の交名（＝名簿）」も出てくる。

たしかに、この記事を読んだ人は『平家物語』の禿の記事を思い合わせ、検非違使庁の下で情報収集活動や犯人捜索にあたる少年がやはり存在したのだなあ、と思ってしまう。しかし、事実はそう単純ではない。

この時代の貴族日記の読解の訓練を受けていない読者は、「蔵人町の童」という表記を見ると、言葉の響きで「〇〇町の少年」という意味に捉えてしまうだろう。まず「蔵人町」というのは、今で言う本町や元町などの人々が居住する市街地の区画としての「町」ではない。

『中右記』承徳元〈一〇九七〉年九月二三日、皇居が関白の二条亭に一時的に遷されたとき、皇居の区画を仮に二条亭の建物の区画に割り当てている記事がある。例えば、「寝殿を以て南殿となし、中殿以東の小寝殿を中宮御所となす」、つまり二条亭の中心である寝殿を皇居の「南殿」（＝紫宸殿）に見立て、さらにその東の小寝殿を「中宮御所」に見立てている。同様に「東中門南廊を内侍所となし、寝殿と小寝殿の中渡を殿上となし、西北の雑舎を蔵人町となす」とあり、二条亭の東中門の南廊を「内侍所」に、寝殿と小寝殿の間の渡りの部分を「殿上」の間に、寝殿の西北のいくつかの建物を「蔵人町」に見立てたというのである。つまり、蔵人町というのは現代人の想像する居住区としての町ではなく、紫宸殿や内侍所や殿上間とならぶ内裏の区画の名称である。記録によっては「蔵人宿所」（『小右記』寛弘二〈一〇〇五〉年十二月廿一日条）とあり、この呼称の方が誤解は少ない。「下官、蔵人町に退き下がり、束帯を着

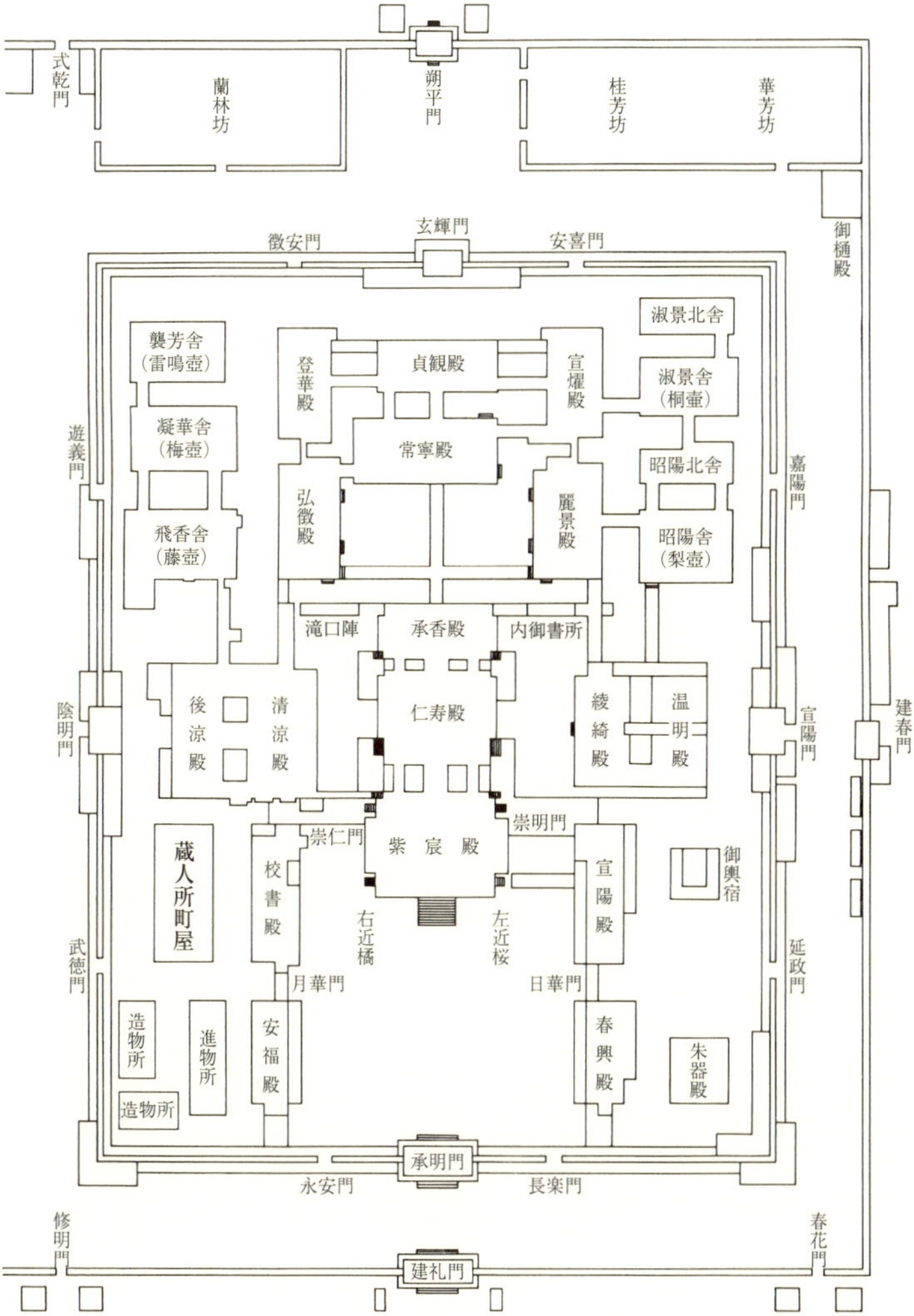

図2　蔵人所町屋「内裏図」（吉川弘文館『国史大辞典』より転載）

し帰り昇る」（『兵範記』仁安四〈一一六九〉年三月十四日条）とあるように、蔵人の着替えなどに使われている。本来の内裏であれば、後涼殿の南、校書殿の西に位置し（図2）、その北端を蔵人頭、南面を五位蔵人、西面を六位蔵人が利用する。現在京都市の下立売通あたりに「平安宮内裏紫宸殿跡」や「平安宮内裏承明門跡」と説明板が設置されているが、「平安宮内裏蔵人町屋跡」（図3・図4）のものも設置されている。

「蔵人町の童」の蔵人町が、いわゆる市民の居住区としての町ではないことは理解いただけたであろうか？　では「童」は、一般の方々が想像するような少年なのだろうか？　次にそのことを検討してみたい。

京都の童といえば、京童という言葉を聞いたことがお有りだろうか？　高校日本史の教科書に必ず出てくる「此頃都ニハヤル物、夜討、強盗、謀綸旨…」という出だしで有名な後醍醐天皇の建武の新政の混乱ぶりを批判する二条河原の落書、その末尾の部分に「天下一統メズラシヤ、御代ニ生テサマザマノ事ヲミキクゾ不思議ナル、京童ノ口ズサミ、十分ノ一ヲモラスナリ」とある。この落書は、たくさんのことを列挙したが、それでも京童が日頃思っていることの十分の一を洩らしたに過ぎないのですよ、といったニュアンスであろうか。

京童という言葉から子供を想像すると、二条河原の落書を子供が作ったことになるが、それはおかしい。実は京童は子供のことではないのである。

右大臣九条兼実の日記『玉葉』文治元〈一一八五〉年十一月十八日条に、「舞人近久」について「件近久

図３　平安宮内裏蔵人町屋跡（石碑）

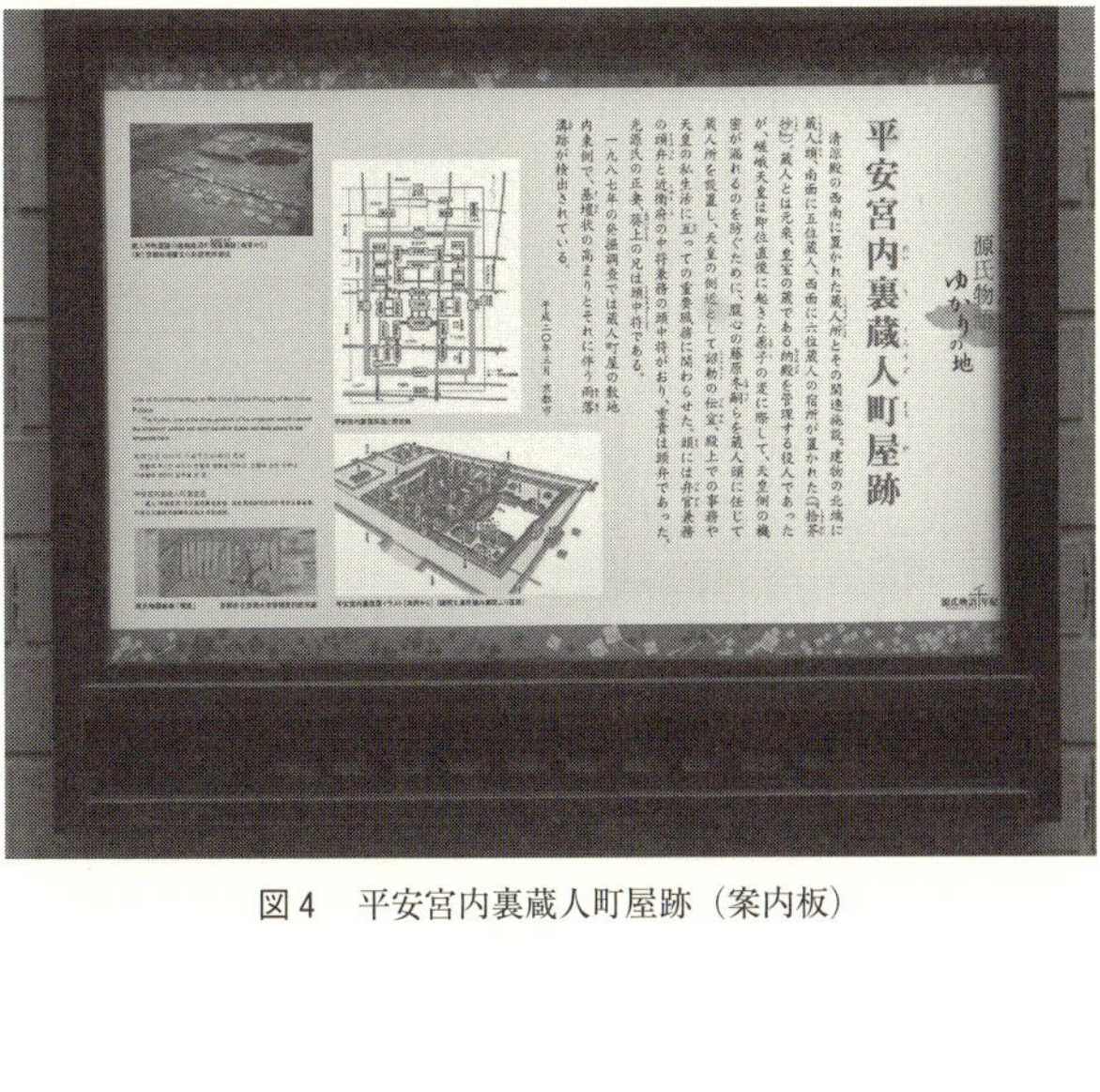

図４　平安宮内裏蔵人町屋跡（案内板）

は左・内両府の近習者なり。凡そ日本第一の京童、また能く秘事を聞くと云々」とある。右大臣九条兼実から「日本第一の京童」といわれた多近久は右近将曹（『玉葉』治承二〈一一七八〉年十月廿九日条）という官職を持っている成人男性であり、けっして元服前というわけでもなく、童形というわけでもない。

現在も京都の夏の風物詩として名高い祇園の御霊会に「院の召仕男ども四百人ばかり供奉す。また院蔵人町童七十余人、内蔵人町童部卅余人」（『中右記』永長元〈一〇九六〉年六月十四日）とあるように、院の召使とともに「院蔵人町童」と並んで「（内）蔵人町童」が供奉している。『水左記』承暦四〈一〇八〇〉年六月十四日条に、「今日祇薗会、蔵人町の童部、宣旨に依り殊に風流を施し相競ひて渡ると云々、世に知らるる京童雑色を以って各櫳となすと云々」とある。櫳《くちとり》とは、行列や儀式などの際に馬を牽く役割のことで、「世に知らるる京童」である「蔵人町の童部」がこの役割で参加している。

また、「蔵人町の童」は、文字通り蔵人所の下僚であり、検非違使とは関係ない。さらに次に示す史料のように検非違使と闘乱さえ起こしている。『中右記』長治二〈一一〇五〉年十月卅日条に「検非違使範政、去る六月の祇薗御霊会の日に前斎院御所の三条北門辺に候するの間、神人田楽の蔵人町馬長童と闘争するの処、すでに抜刀に及ぶ」とあり、蔵人町馬長童は、検非違使の配下などではなく、むしろ敵対している。同様な話は『宇治拾遺物語』（九五検非違使忠明事）にもある。

これもいまは昔、忠明といふ検非違使ありけり。それが若かりける時、清水の橋のもとにて、京童部どもと、いさかひをしけり。京童部、手ごとに刀をぬきて、忠明をたちこめて、ころさんとしけ

れば、（略）　　　　　　　　　　　　　　　　　　（新編日本古典文学全集50、小学館、一九九六）

京童部は検非違使を「ころさん」としているのであり、とても、検非違使に所属して情報収集にあたる下僚とは思えない。

以上の貴族日記の記事からわかるように、「蔵人町の童」とは、一般に想像されるような「○○町の少年」という意味ではなく、内裏内の蔵人の控え室的な区画である「蔵人町」に所属する、院の召使いと同列に併記される様な下級官人のことである。そして、彼らは検非違使の指揮系統に入って悪人の探索をしていたわけではない。あくまで蔵人所の下僚である。

「悪人」を指し申し、その悪人を書き連ねた名簿のようなものと思われる「交名」を提出しているのだから『平家物語』の禿童が平家の悪口を言う市民を摘発する姿なのではないかという疑問が生じるかもしれない。

先の史料（49頁）の意味は、頭弁藤原実行の「童」である大郎丸は「悪人」という評判なので、初めは召し使ってはならないと言っていたのだが、召し使われていることは不思議なことである。悪人を列挙した「交名」は信じて良いかわからないので、検非違使資清の下にいる「大蔵卿出す所」の雑色二人に尋問して（確認して）みなさい、という意味である。犯罪者を逮捕するためのリストを作成したということではない。

以上見てきたように、「蔵人町の童」は『平家物語』の記述する赤い直衣の一四、五歳の少年とは全く異なる存在なのであり、網野氏が禿童を推測させる史料として提起した「蔵人町の童」の史料も、『平家物語』禿童の存在を示す史料的証拠とはならない。

話を元に戻そう。禿に関する唯一の文献資料が全く別のものであったということになると、平氏の禿が存在するという証拠が無くなったことを意味する。もし、赤い直垂を着た三百人もの禿が実在し、それが京都の人々の発言を封じるほど機能していたなら、いくつか残っているこの時代の貴族日記や古文書に何かしら痕跡が残るはずである。それこそ平氏が勢力を持っていた時代には恐ろしくて書けなかったとしても、平氏滅亡後であればそれまでの鬱憤を爆発させて書くことも可能である。にもかかわらず、そのような文献は今のところ見つかってはいない。となれば、次に考えなくてはいけないのは、この禿童の部分の記述は創作ではないのかということである。

視覚的な意味で特徴的な禿童の赤い直垂も、実は『平家物語』諸本で少しずつ記述が異なっている。

平家物語諸本	禿童の服装
四部本	（記述無し）
闘諍録	直垂小袴を著て
延慶本	直垂・小袴キセテ
長門本	赤き帷をきせ、黒き袴を着せて
南都本・屋代本・覚一本	赤キ直垂ヲキセテ

盛衰記
一色ニ長絹ノ直垂ヲキル時ハ、褐ノ布袴ヲキセ、
一色ニ繍物ノ直垂ヲ著時ハ、赤キ袴ヲキセ

印象的な赤い直垂は南都本・屋代本・覚一本などに見られるのみで、諸本内で古態的要素を持つとされる四部本・闘諍録・延慶本などにはそのような色の記述は無い。視覚的効果を狙って、物語形成過程で組み込まれてきたことをうかがわせる。検非違使の一部がまとう赤色が、捕縛役人のイメージと重なって赤い直垂と表現された可能性も有るが、同時代の貴族の「日記」にはそれを裏づける記述は見当たらない。

さらに、この一連の話がフィクションではないかと推定される根拠を示しておこう。この章の冒頭に示した物語本文の最後の部分に注目してみよう。

禁門を出入すといへども、姓名を尋ねらるるに及ばず、京師の長吏、これが為に目を側むとみえたり。

平氏の禿童だということで、大内裏の門を出入りするときも人物チェックをうけることなくいわばフリーパスの状態であり、役人たちは目をそばだてたという記述の部分である。

一方、『長恨歌伝』の楊貴妃の姉妹や楊氏一門の外戚としての権勢を描いた部分の一節に「出入禁門

不問名姓、京師長吏為之側目」（＝禁門を出入りするに問はず、京師の長吏これが為に目を側つ）という部分がある。いかがであろうか？　ほとんど同文で、『平家物語』は明らかに『長恨歌伝』を意識していることがわかる。現代語訳として引用した小学館の新編日本古典文学全集の訳は

「宮門を出入りするけれども、警衛の武士に、姓名を尋ねられる事もない。京師の長吏はこのために、目をそらし見ても見ぬふりをする」と長恨歌伝に見えるが、全くそのように見えた。

とある。物語本文には無い「…と長恨歌伝に見えるが」と訳者が補って訳している。しかし、原文を御覧になればわかるが、「…と長恨歌伝に見えるが」に該当する部分はない。物語はあくまで、「宮門を出入りするけれども、警衛の武士に、姓名を尋ねられる事もない。京師の長吏はこのために、目をそらし見ても見ぬふりをする」と言いきって、あたかも独自のストーリーの体をとっている。これは明らかに、楊貴妃と楊氏一門を建礼門院徳子と平氏一族に擬えて創作された部分である。

そもそも秃童が一般の読者が想像するような秘密警察的なものであったなら、おそろいの赤い衣裳で同じ髪型などということになるだろうか？　常識的に考えても、そんな派手な格好でいたら、みんな用心して口をつぐんでしまい、取り締まるなどということは不可能であろう。強いていえば、赤色をまとう秃童の存在という視覚的効果によって、不平不満や平家批判を抑えるという抑制効果はあるかもしれないが。やはり、赤い衣裳をまとう秘密警察的な秃童は物語の創作であろう。

二　京童――六二歳の京童

今も昔も、政治や権力の世界で生き残り、うまく立ち回るには「情報」が重要である。その時その時の情勢の変化に対応して、適確な行動をとること、これが平氏を含む貴族たちにとって、政治生命を決定づける要因となる。内乱期にあっては、文字通り生命の危機にも関わってくる場合も考えられる。ネットで手軽に情報を把握できる現代とは全く異なる状況下で、貴族たちはどのように情報を得ていたのだろうか。

『富家語』にある次の記事に注目してみたい。

仰せて云はく、「小野宮殿は、大炊御門面には、端板を立てて穴をあけたる所ありけり。それに菓子などを置かせ給ひければ、京童部集まりて、天下の事を語り申しけり。その中に名事ども聞こしめしけり」と。

（『富家語』一二七、新日本古典文学大系32、岩波書店、一九九七）

『富家語』とは、藤原頼長の父で、白河・鳥羽院政期を藤原摂関家の代表者としていた藤原忠実の言談記録である。筆録者はその家司であった高階仲行である。「仰せて云はく」とは、主人である「藤原忠実がおっしゃったことには」ということになる。保元の乱で息子頼長を失い、自らも知足院に幽閉され

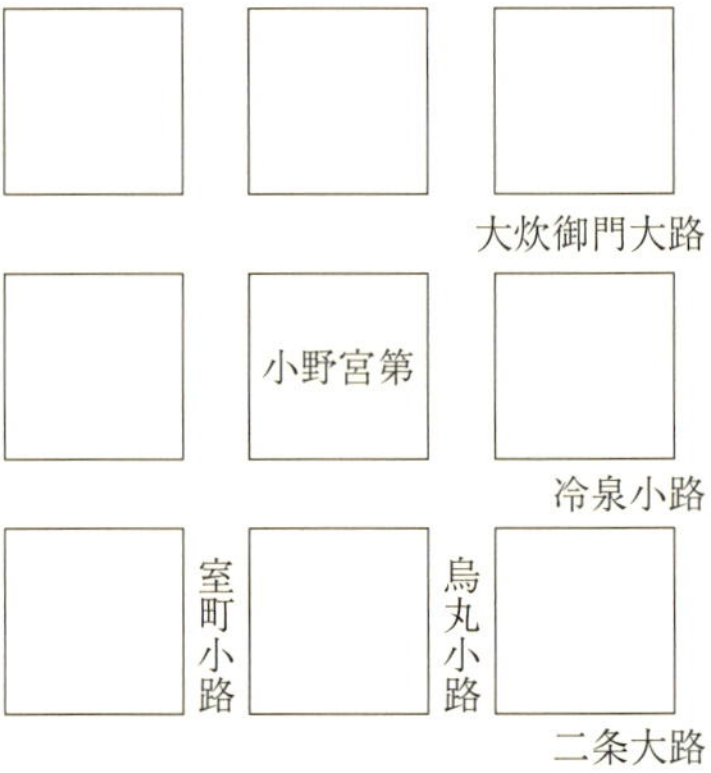

図５　小野宮第と街路

たあとの言談が主で「言談が非政治的で一般的な公卿学としての有職故実や衣食住に関係する話題に偏っているのは、老残の敗者としての現実と交渉を断ち切られた忠実の言談の現実であったろう」と評されている（前掲新日本古典文学大系32「解説」）。

概要は次の通り。

忠実様はこうおっしゃった。「小野宮第は大炊御門大路の側に、端板を立てて穴を空けた場所があった。そこに、「菓子」などを置いておくと、京童たちが集まってきて天下のことを語り合っていた。その中から「名事」などもお聞きになった。

「菓子」とは現代でいうところのスイーツのような、いわゆるお菓子ではない。「菓子枝柿、蘇甘栗」（『殿暦』天永三〈一一一二〉年十二月十四日条）、「菓子椿餅・栗・枝柿・橘、」（『猪隈関白記』建久九〈一一九八〉年正月十九日条）とあるように、基本的には果実もしくは果実を加工したお菓子を意味していた。

小野宮右大臣藤原実頼は自分邸宅の大炊御門面（北面）に「菓子」を用意し、そこで京童たちが集まって天下のことなど歓談した。「天下のこと」とはいわゆる天下国家のということではなく、世間話全般を意味するのであろう。おそらく実頼は屋敷の内側から（本人もしくは配下の者が）それを聞いていて、各種の情報を収集したのであろう。「名事」とは、意味がはっきりしないが、彼らの世間話の中に思わぬ良い情報が混ざっていたこともあった、というような意味であろう。

ここで気になるのは京童（京童部）である。先に「蔵人町童」で見たように「童」は子供のことではない。次の史料で日本一の京童といわれている人物を見てみよう。

有安来りて云く、舞人近久語りて云く件の近久は左・内両府の近習者、凡日本、第一の京童、また秘事をよく聞くと云々大蔵卿泰経然るべき人々に語る、入道関白天下を執行すべきの由結構すと云々。禅門相国ならびに資賢入道、同心すと云々。（略）かくの如きの説、注し付くべからず。なかんづく下劣の輩の言す所、はなはだ聞き入るべからず。然れども後代思ひ合さんがため、故に記し置く所なり。この事、伝聞の次第、すでに実説たりと云々。

（『玉葉』文治元〈一一八五〉年十一月十八日条）

『玉葉』記主九条兼実の情報源の一人である中原有安が「入道関白天下を執行すべきの由結構す」という多近久の情報をもたらした。そもそもその情報は、大蔵卿高階泰経が「しかるべき人々」に語ったものであった。つまり、高階泰経→「京童」多近久→中原有安→九条兼実と伝達されたことになる。兼実は「下劣の輩」の情報は記録すべきではないとしつつも結局は「後代」のために記録したのであった。

小野宮第で菓子を食べながら京童が話していた話もこのようなものであったのだろう。もちろん、いい加減な噂話の類も多かったに違いない。少し時代は下がるが、室町時代の貴族の日記『建内記』に次のような記事がある。

伝聞、夜前帥大納言の辺、物忩なりと云々。これ養君の若公、盗賊、盗み奉るべきの企てこれ在るか。その用心かと云々。未だ実否を聞かず。後で聞く、一切その沙汰の事無きなり。京童部の虚言、説くべからずと云々。（『建内記』文安元〈一四四四〉年五月十一日条）

昨夜、正親町三条実雅の屋敷の辺りが騒がしかった。それは盗賊が養君を奪うと企てているという噂があったからららしく、その対策のためのようである。その情報の真偽は判明していない。後で聞いたことによると、一切そのようなことは無かった。京童の虚言に言葉もない。

といった内容である。当然のことながら、京童の情報にはいわゆるガセ情報もあった。

「日本一の京童」とよばれた多近久とはどんな人物だろうか。「左・内両府の近習」とあるように、左大臣藤原経宗と内大臣藤原実定の近習であったという。経宗の室と、実定の母が姉妹である（藤原清隆の娘）という関係があり、義理の伯（叔）父・甥の関係ではあるが、そのことと、多近久を共通の近習にしているということとどう関わるかは不明である。

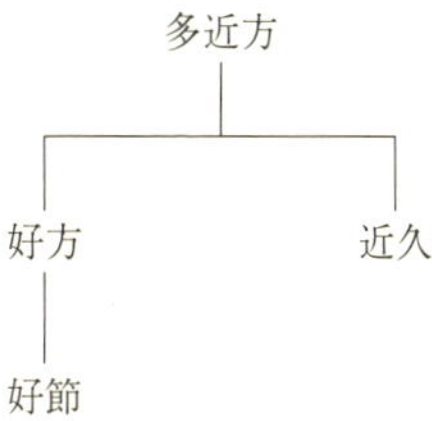

図6　多氏系図

表1　多近久年譜

西暦	年月日	年齢	事項	出典
(1156)	保元	33	院武者所（？）	保元物語
1159	保元3	36	内舎人、楽所	楽所補任
1160	永暦元	37	右近将曹	楽所補任
1182	寿永元	59	右近将監	楽所補任
1185	文治元	62	日本第一の京童	玉葉
1199	正治元	76	五位	楽所補任
1213	建保元	90	卒去	楽所補任

多近久は近衛府の官人として、儀式の際の舞楽を担当する多氏一族の出身で、実際『玉葉』などの貴族日記にも「内裏有舞事（略）納蘇利二人好方、近久」（『玉葉』嘉応三〈一一七一〉年四月十二日条）、「法皇始めて御賀の舞を覧ずる事（略）舞人（略）侍従公守師近久」（『玉葉』安元二〈一一七六〉年正月二十三日条）とあるように、舞人やその師を務めている。年表でわかるように『玉葉』で「日本第一の京童」とよばれたときには、六二歳である。この時代の「童」という文字で、子供をイメージしてはいけないというよい証拠である。このような芸能人たちは、身分的に大きく隔たっている貴人たちとも、芸の披露の場、あるいは芸の師匠としてその身近に近侍することが多かった。そこで耳にする情報は非常に機密に近いものもあったに違いない。

また、「日本第一の京童」多近久の情報を伝えた中原有安も、実は芸の世界の人間で有り、京童的な人間といって良い。後述するように、『玉葉』の記主九条兼実の芸の師でありながら、重要な情報源になっている。多近久の行動については詳らかにしがたいので、史料の残っている中原有安の実像を明らかにすることでそれに代えたい。

有安来りて云く、禅門の所労は十の九はその憑み無きかと云々、また邦綱卿の所労、はなはだ以て怖畏有りと云々、
また云く、筑前国司貞能申し上げて云く、兵根米すでに尽き了ぬ。今に於いては計略無しと云々。よって急攻せんがため前幕下、俄に下向せんとするの間、禅門の病により後れ了ぬと云々、
（治承五〈一一八一〉年閏二月一日条）

中原有安が兼実の所にやってきて、清盛の病状が深刻なこと、その近臣藤原邦綱の病状も危ういこと、筑前国の戦況と追討軍の発遣延期のことなど、国家機密の枢要に関することばかりである。

頼朝の勢、十万騎と云々。三条宮、坂東に在るの由、極めて謬説と云々。また仲綱、決定、伐たれ了ぬ。平等院において自害に輩、三人の中なり（已上、有安の説）、
（治承四〈一一八〇〉年十二月十九日条）

頼朝の軍勢が十万騎であること、三条宮（以仁王）が関東にいるというのは間違った説であるということ、源頼政の子の仲綱が伐たれたことが決定的であることなどの情報は「有安の説」とあるように、そのソースは中原有安だった。

以上二つの史料でわかるように、平氏周辺情報、関東に関する情報、以仁王の乱関係の情報など多岐にわたる。さらに、天台座主顕真についても「有安、彼の顕真とはなはだ深き知音なり」（建久二〈一一九二〉年五月十七日条）とあるように非常に親密な関係があったと思われ、その人脈は広い。

その人脈の基礎となっているのは、彼の身につけていた芸である。

大納言重通卿も孝博にぞ伝給。その流をば、飛騨守有安とて楽所預にてはべりし人給はりにけり。此有安、笛は戸部氏をきわめ、箏はわか尼の余流をうく。比巴三人の明師に伝えて、残ることなし。その三人といふは、七郎大夫博業、桂少輔信綱、この納言三人なり。此うゐなお大原の尼（をわり尼）の説をうけんとて、月をかさね、日をつぎて、ゆき向ふといへども、ついに打ちとけて許さずとぞ、日記には侍める。なほその上に、いかさまにも説をつくしてぞむじたる人也と。孝時も申されき。

（『文机談』巻第三）

ここに出てくる名人たちは『琵琶血脈』（『群書類従』第一五巻）に師伝相承の人として出てくる人々である。有安はこのような名手たちのうち三人の師伝を受け、さらに「大原の尼」（高階為遠の女）の教えも受けようとしたというのである。そして「いかさまにも説をつくして」存じている人との評価を受けている。

この芸の力によって有安は天皇にも近侍しえた。

・二条院御時、有安維盛とて、二人かたをならべて楽所に候しに、有安をば心ある者とおぼしめしたりしは、又この事にあらず。（『胡琴教録』下）

・成道重通の卿、笛比巴音曲の好士なり。二条院御比巴有安信綱など此世に、けり。（『文机談』巻第一）

・此君（二条院）後白川法皇第一の御子にてわたらせ給。なに事もあしからぬ君にておはしましけり。この道をもふかく御沙汰ありけり。楽所預有安もつねに候き。陪膳惟盛などもつねに候けり。（『文机談』巻第三）

「比巴」＝琵琶の道の関係からか、二条院は有安を「心ある者」として「つねに候」という状態であったことがわかる。

さらに、次の史料では、後鳥羽天皇の楽所が設置されたとき、その責任者である「預」に中原有安が任ぜられ、『玉葉』の記主九条兼実も音楽の師としていたことがわかる。

この日、当今の御時、始めて楽所を置かるる所なり。

預　筑前守中原有安、

（略）

有安、管弦の道に力を入れ楽を習う。当世に比肩するの人無きか。余、当初はあらあら胡曲を学ぶ故女院「皇嘉門院」に習い奉る、究竟第一の上手におわしますなり。その外の楽、多分に有安を以て師となし、伝へ習ふ所なり。よっていよいよ抽賞に足るものか、

（建久五〈一一九四〉年二月廿七日条）

このように、中原有安は琵琶などの音曲の師弟関係を通じて、天皇や摂関家や天台座主とも親密な関係を結んでおり、それらを介して、関東の情報、平氏の情報など多様な情報を握っており、その親密な関係によって情報の精度もかなり高いものであったことがわかる。

ちなみに、『平家物語』にも京童は登場する。

・故中御門藤中納言家成卿の辺にたち入り給ひしをば、京童部は、高平太とこそいひしか。

（巻第二　西光被斬）

・これこそ京わらんべのよぶなる上総の悪七兵衛景清よ。

（巻第十一弓流）

基本的には、本文での説明で矛盾しないと思うが、用例についての検討は本書で行わない。

三　情報の捏造――「渡世」の方法

このように、情報が貴族たちにとって重要だということになれば、それをもたらした人物には報酬・対価が与えられたと考えていいだろう。情報の内容によっては、屋敷の横で「菓子」を提供するなどという程度の報酬・対価では済まない。逆に言えば、それをメシのタネにすることを考える者も有りうるということである。

『玉葉』の記主九条兼実の許に寄せられた以仁王生存説を素材に、そのような人々の存在を紹介しておこう。乱の平定後も以仁王がまだ生存しているという風聞が兼実の許にもたらされたのは、元暦二〈一一八五〉年七月十四日のことであった。

或る人云く、隆憲法印云く、三条宮、必定、現存すと云々、（元暦二年七月十四日条）

のちに「故院寵僧」（建久四〈一一九三〉年二月廿日条）とよばれた隆憲が「以仁王が必ず生存している」と言っているということを「或る人」*が、兼実に伝えてきた。

＊或る人

ところで、兼実に重要な情報を伝えてくる「或る人」とは誰なのだろう。兼実は誰のことかわかっているのに、日記に書くときにはあえてぼやかして「或る人」などと記している。隠されるとよけいに知りたくなるのは人情である。調べて見たところ、手がかりがあった。

或る人、告げて云く女房冷泉局、有安、を以てこれを申す、今日院において種々の評定有り。去るころ検非違使公朝院近臣、下北面に候ず御使として関東に下向す。この両三日帰参す。頼朝卿の申状を奏して云く、……（略）

これ等の趣を以て、終日評定す女房丹後ならびに冷泉局・法皇三人同居す。また御書を以て、前摂政家に遣す。また対書を奉り往複すること両三反と云々（略）

（文治二〈一一八六〉年七月三日条）

文治二年三月十二日、兼実は頼朝の推挙によって摂政・氏長者となった。しかし、後白河上皇との間にはかなりの溝があったようである。そのような情勢のもとで、院の使として関東に下向した北面大江公朝が頼朝の意向を院に伝え、それについて院で評定が行われたという記事である。記事が長くなり本論とは関係しないので原文は省略したが、頼朝は摂関家領の領有について介入を行い、そこで「高陽院方」を前摂政、「京極方」を兼実という分割案を提示している。なおこの分割案については藤原経房からの情報として「法皇逆鱗」（同年七月十五日条）とあるように、院はかなり立腹していた。

この院の内部の動向を知らせてきた「或る人」こそ、冷泉局であった。後白河上皇・丹後局とともに「三人同居」していた冷泉局は、この一連の過程を傍らで見つめていたはずで、中原有安を使としてこの状況を兼実に知らせたのであった。

では、冷泉局とはどこの誰かということになる。「女房故邦綱卿愛物白川殿女房冷泉局」（寿永二〈一一八三〉年八月二日条）、「故邦綱卿女女房冷泉局腹也云々」（文治三〈一一八七〉年四月十七日条）とあるように、大納言藤原邦綱の「愛物」であった女性であった。彼女の父は、右大臣藤原公能、兄弟には徳大寺実定、姉妹には近衛・二条両天皇の皇后である藤原多子がいる。

ところが八月に入ると

人伝に云く、三条宮おはしますの由、謬説なり。子細、尋ね記すべし。（八月三日条）

とあるように、この生存説も実は誤りだったことがわかる。「子細」は次の日の条に記されている。

範季朝臣来り語りて云く、三条宮御事、ある寺僧の説を以て雅縁僧都之を聞く。雅縁また澄憲に語る。々々、彼説を以て、証拠を問はず、子細を尋ねず左右無く法皇の聞（同じく泰経卿これを奏す）に達す。よって法皇悦びて、音信を奉られんがために由来を問はるの処、澄憲、雅縁に問ふ。雅縁、更に舌を反し詞を改む。知らざるの由を称す。始めは慥かに証文有るの由を申すと云々。よって澄憲、件の条々を尋ぬる処、全く件の証文無しと云々者」、次第論なし、本体の寺僧を搦め取ると了。子細を問ふの処、偏へに渡世の方法として、詐欺を構へる所と云々者り。重ねて證文を尋ねるの処件の札等報ずる所なりと云々者、しかるに件の法師、一文通ぜずと云々、今、他人を雇ひ書くか。次第、言語の及ぶの所に非ず。雅縁の尾籠におひては、是非を論ずるあたはず。澄憲は通憲法師の子なり。ただ顕弁辞を顕らかにするに非ず、また政理に熟するの由と云々。この条においては、専ら思慮無しと謂ふべきか。（八月四日条）

そもそも「ある寺僧」の説を「雅縁」という僧が聞き、それを「澄憲」に語ったところからこの話は始まったらしい。「澄憲」はよく調べもせずに「泰経卿」を通じて院に奏上してしまった。上皇が悦んで早速その「由来」を問うたため、「澄憲」は情報源である「雅縁」に確認したのだが、「雅縁」は始め「證文」があるといっていたにも関わらず知らないと答えた。そこで「澄憲」がよく調べたところそんな「證文」などといえる代物ではなかったため、話のおおもとの「ある寺僧」を捕らえて追求したところ、「偏へに渡世の方法として、詐欺を構へ」たということが判明した。「證文」も、その「或寺僧」は「*一文不通」であったため（そんな僧侶がいたというのもいい加減な話だが）、人を「雇」って書かせたものであった。

後日、「ある寺僧」が誰か判明した。「覚親内供成親卿子弟子小僧号上野君、又号心月房云々」（八月六日条）とあるように、鹿谷事件で亡くなった藤原成親の子である覚親の弟子の僧で「上野君」とか「心月房」とよばれていた。さらに調べてみると「かの御手跡などのなか、仮名ハ左衛門佐親雅の筆なり。消息などにおいては、俊寛僧正の許に在る小僧の書くところなり」（八月九日条）ということがわかった。犯人である「上野君」（＝心月房）は自分では、以仁王生存の証拠書類を自分では書けなかったために、「仮名」文書は左衛門佐親雅、「消息」は俊寛の弟子の僧を雇って作成した物であった。「渡世の方法」とか「他人を雇ひ」という記述によって、明らかに金銭詐取を目的としている。

俊寛の弟子については個人を特定できないので、どういった人物なのか、詳らかに出来ない。左衛門佐親雅は、「建春門院使、判官代木工頭親雅」（『玉葉』承安二年六月二七日条）とあるように建春門院（平滋子＝高倉天皇の母）の判官代である。

＊一文不通

以仁王の偽情報を企てた「ある僧」は「一文不通」であったという。「一文不通」とは、辞書的には「一字の文字も読んだり書いたりできないこと。無学文盲。一文不知」（『角川古語辞典』）とある。この「ある僧」は他人に文書作成を依頼しているので、ほんとうに読み書きが出来なかった可能性が高い。

未熟な僧や地方の荘官が読み書きできないのはわからないではない。しかし、平安貴族のなかに「一文不通」のものがいたといったら、みなさんは信じるだろうか。子孫のために日記を書き、和歌を嗜む、そんな貴族のなかに読み書きできない人がいるとは、俄には信じがたい。『蜻蛉日記』の著者である女性の息子藤原道綱は、母のＤＮＡを受け継いでいれば文学的才能を保持していそうな物だが、「一文不通の人」（『小右記』寛仁三年六月十五日条）と記されている。しかし、これは「漢才の劣ることを意味した」ということでまったく読み書きが出来なかったということではないようである。

一方で、まったく書けない貴族もいたようで藤原実教は「件《くだん》の人、一切漢字を知らず。しかるにこの役を勤むるは如何。かねて人をして定文を書かしめ、これを懐中す。期に臨みただ書く如くこれを取り替える。」（『玉葉』文治三年二月二十九日条）とある。漢字を書けない実教は会議の記録を先に他人に書いてもらって懐中に忍ばせ、会議本番中に書くまねだけして懐中に用意したものと取り替えた、というのである。別の日記にも「その身漢字を書けず」（『明月記』安貞元年四月四日条）とあり、複数の証言があるので間違いはないだろう。貴族の中にも、漢字が書けない人物がいたのである。

もう一つ興味深いのは、先に議事録が用意されていたという点である。今後検討してみないとわからないが、現代の国会答弁のようにあらかじめ何を発言するのかが、把握できていたのだろうか。

（鈴木理恵「「一文不通」の平安貴族」参照）

偽文書ではないが、他の例もある。出典が、先に示した藤原頼長のエピソードの改変を行った前歴のある『古事談』なので、一定の考慮が必要となるが、次に掲げる。

同じ比近衛院の御宇、東北院領池田庄の解を、朝隆執事の時、申状を執る。中に云はく、「ただに殿下の御威を軽んずるのみに非ず、兼ねてまた梁上の奸濫を成す」と書きたりけるを御覧じて、「此の解状は、田舎の者の草に非ず、然るべき学生・儒者などの書きたるにこそ。尋ねよ」と仰せられければ、庄官等を召し尋ぬる処、暫くは秘蔵して申さしめず。「殿下の御定なり」とて問ひければ、「江外記康貞と申す者に縁に触れて誂へ候ふ」と申しけり。仍りて康貞を文殿に召さる、と云々。

（『古事談』新日本古典文学大系41、岩波書店、二〇〇五）

以下意味をとろう。

近衛天皇の在位（一一四二〜五五）の頃、法成寺の子院である東北院の荘園であった池田荘（山城国綴喜郡・現京都府京田辺市付近）からの申請書を、摂関家家司藤原朝隆が処理したときに「ただに殿下の御威を軽んずるのみに非ず…」の一節を読んで、この文章は学識のあるものが書いたに違いないということで、その作者を探すため荘園の荘官たちに尋問を行った。はじめは隠していたが、殿下の命令ということで、外記である大江康貞に「縁」を頼って依頼したことを白状した。そこでその康貞を文殿（摂関家もしくは朝廷の）の職員として登用した。

藤原頼長の例もあるので、この話を大江康貞についての真実であると即断は出来ないが、少なくとも文字が書けるものが少ない当時の京外の地において、上申書類の作成に困った人々が縁を頼って学識を持っている人に依頼したことはあり得たことであろう。その場合、いくら「縁」に依るものであったとしても、そこになにがしかの謝礼が付随するのは当然だろう。『平安遺文』所収の地方発の文書は、このような作成過程を経たものが案外多かったのかもしれない。中下級官人にとっても、よい小遣い稼ぎの副業になっていたように思う。このような下地があるから、ずる賢い輩が偽情報の作成を企て、悪事と知りながら謝礼と引き替えにその偽文書作成を引き受ける学者や僧侶がいたのである。

この元暦二年の以仁王生存偽情報騒動は、いろいろな興味深い点を示してくれている。

一つは、ある寺僧が「渡世」のため風説を「結搆」し、証拠の文書を他人を「雇」って書かせている点である。「渡世」という用語は定義しにくいが、他人を「雇う」という元手をかけていることから考えると、情報に対する何らかの代価が支払われ、それを「詐欺」することを企んだのであるから、「渡世」とはやはり金銭的な意味を含んで考えるべきであろう。情報には代価が支払われたという可能性は、何も今回に限る必要はあるまい。むしろ、一般化していたからこそ「詐欺」を企むものがいると考えるべきで、その意味では非常に興味深い事件である。さらに、偽文書とわかっていて金銭的な見返りのためにそれを偽造する学者や僧侶がいたということである。

もう一点は、風説の語られる場、伝わる経路の問題である。今回の場合、「或寺僧」→「雅縁」→「澄憲」→「泰経」→「院」→「宗雅」→「兼実」という経路で伝えられてきている。「泰経」以降は正

同編集委員会 編
（編集委員）阿部泰郎・石井修道
末木文美士・高橋秀榮・道津綾乃

中世禅籍叢刊

近刊

第11巻（第10回配本）
「聖一派 続」

既刊 1〜9巻

栄西・道元の入宋以降に、密教や諸宗教学との関わりのなかで独自の発展を遂げた日本中世の初期禅宗。その謎多き思想の実態を物語る新発見の古写本や断簡類などをはじめ、真福寺・称名寺（金沢文庫）を中心に各地の寺院・文庫が所蔵するこの時代の貴重写本を横断的に紹介。それぞれの影印・翻刻に加えて、第一線の研究者による詳細解説を付す。

■第11巻 菊判上製・約600頁 予価二〇、〇〇〇円＋税

11巻：ISBN978-4-653-04181-8
ISBN978-4-653-04170-2（セット）

椎名宏雄（龍泉院住職）編

五山版中国禅籍叢刊

近刊

第8巻（第11回配本）
「語録3」

既刊 1〜7・9〜11巻

今日では散逸、あるいは閲覧困難な宋版・元版禅籍の本文・形態を伝える五山版禅籍の善本を各地から一堂に集成、影印版とし、編者による詳細な解題を付して刊行する。禅籍本文研究・禅学思想研究の一助とすると同時に、日本中世の禅学の学問体系、出版文化の系譜の究明に寄与する、仏教学・国文学・歴史等、関連各分野の研究者に必携の重要資料。

■第8巻 B5判上製・約700頁 予価二五、〇〇〇円＋税

8巻：ISBN978-4-653-04158-0
ISBN978-4-653-04150-4（セット）

時慶記研究会 編・校訂
5巻担当 朝尾直弘・藤井讓治
横田冬彦・大原誠・佐竹朋子

西洞院時慶自筆

時慶記 第5巻

—慶長15年・慶長18年—

織豊時代から徳川初期の変革期を生きた公家、西洞院時慶の自筆日記を校訂、翻刻。医師であり、有名な歌人でもあった時慶の日常生活や禁裏や本願寺、大坂城、公家、連歌師との幅広い交際ぶりがつぶさに伺え、内容も政治・経済・社会・宗教・文芸・身辺雑記や気候・天変地異（地震）の記録と多岐にわたる。主要な記事、注目される用語などを頭註として掲げ、また人名には傍注

ISBN978-4-653-03765-1
78-4-653-03760-6（セット）

民國期の學術界

橋川時雄

映日叢書3

文章から、様々な雑誌新聞に寄稿したもの、未刊の報告書、また刊行はされたものの極めて限られた範囲内にしか流通しなかったものを選び収録する。一日本人橋川時雄の眼に映じ、心に触れた民国学術界の諸側面が率直に描写された好資料。

■菊判上製・322頁　三、八〇〇円＋税

ISBN978-4-653-04253-

中日数学圏の近代

西洋数学移入の様相

薩日娜（上海交通大学科学史与科学文化研究院准教授）著

中国と日本は長い交流の歴史をもち、相互に大きな影響をもたらしてきた。本書は、清末＝明治における数学界に目を向け、西洋学術の移入という共通の課題に直面した両国を比較的に論じる。和算・中算といった伝統数学は如何なる近代化の道を歩んできたのか。これまで見過ごされてきた中国の史資料から当時の実態を探り、数学史の観点から両国交流の歴史を再構築する。橋本毅彦氏による序文を収録。武田時昌氏推薦。

■A5判上製・約420頁　予価八、五〇〇円＋税

ISBN978-4-653-04335-5

國語國文

京都大学文学部国語学国文学研究室 編

大正十五年（一九二六）の創刊以来、実証的な研究を重んじる立場から画期的な論文を掲載しつづけ、国語国文学の分野に貢献してきた本書は、刊行時からの精神を踏襲した「極めて自由な態度」で編集され、国語学国文学の最新の研究状況をリアルタイムで発信する好資料である。

■A5判　85巻11号54頁・12号56頁　各号九〇〇円＋税

85巻11号：ISBN978-4-653-04287-7
85巻12号：ISBN978-4-653-04288-4

山田美妙集　第8巻

好評刊行中

同編集委員会 編

青木稔弥・須田千里・谷川恵一
十川信介・中川成美・宗像和重・山田俊治

山田美妙の業績を網羅的に収録する初の著作集。第8巻は、「韻文／戯曲」として、美妙が生涯で発表した韻文167点と戯曲・脚本作品8編を収録。新体詩・演劇脚本の分野で試みられた言語実験の軌跡を辿る。（既刊①〜⑥・⑨・⑩巻）

■第8巻　A5判上製・488頁　八、八〇〇円＋税

8巻：ISBN978-4-653-04138-2
ISBN978-4-653-04130-6（セット）

2016年12月刊行開始

3ヶ月毎配本予定

京都大学文学部国語学国文学研究室 編

京都大学蔵 潁原文庫選集

全10巻

京都大学蔵潁原文庫は、近世語研究を畢生の研究とし、近世文学研究を「言葉の科学」として大成した潁原退蔵（えばら たいぞう）博士が、自らの研究のために生涯にわたって収集し学んだ一大資料群で、博士の専門であった俳書をはじめ、江戸時代の多様なジャンルの版本・写本類が収蔵されている。

本選集では、潁原文庫から従来未翻刻のもので学術的意義の高い稀覯書を厳選して翻刻、巻末に詳細な解題を付して刊行する。文学作品のみならず実用書や抄物の類も積極的に採録するほか、作品によっては影印や索引を添えて、研究の便を図った。近世文学・語学研究に役立つ好資料。

■A５判上製・平均550頁　予価各一五、〇〇〇～二〇、〇〇〇円＋税

本選集の特色

- 京都大学文学研究科図書館所蔵の潁原退蔵博士の旧蔵本から、従来未翻刻の近世文学研究に必須の稀覯書を中心に厳選。読みやすい「翻刻」の形で提供する。
- 近世文学研究を「言葉の科学」として大成した潁原博士の収集意図を重んじ、近世文学研究の周辺にある実用書や抄物の類も積極的に採録。注釈に至便。
- 漢籍類および挿絵を主体とする草双紙・絵本類にはすべて影印を付し、連歌・俳諧・抄物類の一部には研究に利便性のある索引を添える。
- すべての作品に、最新の研究成果を生かした詳細な解題を記す。

《各巻収録内容》

1 好色本・遊女評判記・仮名草子・浄瑠璃　約500頁　一六、〇〇〇円＋税
2 浮世草子
3 連歌Ⅰ・俳諧Ⅰ
4 連歌Ⅱ・俳諧Ⅱ・狂歌Ⅰ
5 俳諧Ⅲ・狂歌Ⅱ
6 談義本・読本・軍書
7 戯　作
8 辞書・抄物
9 日用書（実用書）・雑書Ⅰ
10 日用書（実用書）・雑書Ⅱ・総目録

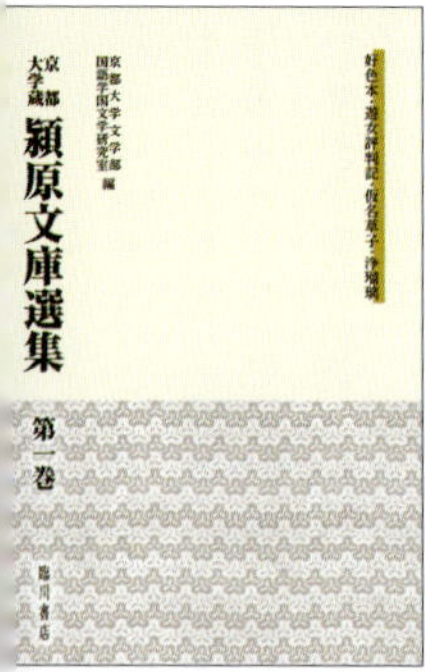

1巻：ISBN978-4-653-04321-8
ISBN978-4-653-04320-1（セット）

常な連絡経路であるので問題はないが、「或寺僧」→「雅縁」→「澄憲」まではどのように伝わったのであろうか。「雅縁」が興福寺の僧でのち南都に「籠居」したことを考えると、この話が伝えられたのは奈良でのことであっただろう。しかし、興福寺の僧で南都にいた「雅縁」から延暦寺の「澄憲」にはどこでどのようにして伝えられたのであろうか。何かの法会などで両者が出会い、噂話として語られたのであろうか。あるいは、院を取り巻く僧侶たちの情報ネットワークのようなものがあり、そのネットに載った情報として語られたのであろうか。

以上、平氏が放ったとされる禿童から京童、そして貴族の情報収集にまで説明が広がってしまった。このように、貴族たちは公的な情報以外の非公式な情報や風聞を、京童その他から対価を払うなどして入手していた。網野氏が指摘された禿童唯一の事例も全く別のものであり、貴族日記に禿童の存在は確認出来ない。案外、物語の禿童は、貴賤各所に出入り可能であった京童の存在が、デフォルメされたものだったのかもしれない。

第三章　殿下乗合事件──平重盛の名誉回復

『平家物語』はかなり史実に沿った文学作品であるが、それが故に物語の作者の意図を、史実との違い＝虚構性に求めることになる。つまり、あれだけ史実的な（本書の読者はそれほど「忠実」でもないことを既に感じられていると思うが）『平家物語』が、あえて史実から外れて記述している部分には、作者の意図が籠められているはずであると考える。そして、そのような説明の典型的な例として必ず示されるのが、いわゆる「殿下乗合事件」における平重盛の描写である。

一　殿下乗合事件の概要

「殿下乗合事件」とは、嘉応二〈一一七〇〉年七月、摂政松殿藤原基房の行列が平資盛一行に遭遇し、その出会いの際に衝突が起き、摂政基房側の従者が資盛側に恥辱を与え、後日、平氏側とみられる武者が基房の従者を襲撃して報復を行った、とされる事件のことである。

そしてこの事件は、それまで少なくとも表面的には穏やかな態度で接してきた平氏がはじめて威圧的な態度を取ったとされ、『平家物語』（覚一本）などで「世の乱れそめける根本」・「平家の悪行の始め」と位置づけられている。平氏の横暴・傲慢の起点となる、物語の展開上非常に重要な象徴的事件である。

実は、他のエピソード同様、事件の細部は『平家物語』諸本によってかなり異なっている。ここでは一例として覚一本を底本とする『小学館新編日本古典文学全集』を引用しておく。

平家も又、別して朝家を恨み奉ることもなかりしほどに、世の乱れそめける根本は、去んじ嘉応二年十月十六日、小松殿の次男、新三位中将資盛卿、その時は、いまだ越前守とて十三になられけるが、雪ははだれに降ったりけり、枯野のけしき、まことに面白かりければ、若き侍ども三十騎ばかり召し具して、蓮台野や紫野、右近の馬場に打ち出でて、鷹どもあまたすゑさせ、うづら、雲雀《ひばり》を、おッたておッたて、終日にかり暮し、薄暮に及んで六波羅へこそ帰られけれ。

其時の御摂禄は、松殿にてましましけるが、中御門、東洞院の御所より御参内ありけり。郁芳門より入御あるべきにて、東洞院を南へ、大炊御門を西へ御出なる。資盛朝臣、大炊御門猪熊にて、殿下の御出に、はなづきに参りあふ。御供の人々、「何者ぞ、狼藉なり。御出のなるに、乗物よりおり候へおり候へ」といらでけれども、余りにほこりいさみ、世を世ともせざりけるうえ、召し具したる侍ども、皆廿より内の若者どもなり。礼儀骨法弁へたる者一人もなし。殿下の御出ともいはず、一切下馬の礼儀にも及ばず、かけやぶッてとほらむとするあひだ、くらさは闇し、つやつや入道の孫とも知らず、又少々は知ったれども、そら知らずして、資盛朝臣をはじめとして、侍ども皆馬よりとッて引きおとし、頗る恥辱に及びけり。資盛朝臣、はふはふ六波羅へおはして、祖父の相国禅門に、此由うッたへ申されければ、入道大きにいかッて、「たとひ殿下なりとも、浄海があたりをばはばかりたまふべきに、をさなき者に、左右なく恥辱をあたへられけるこそ、遺恨の次第なれ。かかる事よりして、人にはあざむかるるぞ。此事思ひ知らせ奉らでは、えこそあるまじけれ。殿下を恨み奉らばや」と宣へば、重盛卿申されけるは、「是は、少しも苦しう候ふまじ。頼政、光基なンど申す源氏共にあざむかれて候はんには、誠に一門の恥辱でも候ふべし。重盛が子どもとて候はんずる者の、殿の御出に参りあひて、乗物よりおり候はぬこそ、尾籠に候へ」とて、その時事にあうたる侍ども、召し寄せ、「自今以後も、汝等、よくよく心得べし。あやまッて殿下へ無礼の由を申さばやとこそ思へ」とて、帰られけり。

其後、入道相国、小松殿には仰せられもあはせず、片田舎の侍どもの、こはらかにて、入道殿の仰せより外は、またおそろしき事なしと思ふ者ども、難波、瀬尾をはじめとして、都合六十余人召し寄せ、「来る廿一日、主上御元服の御さだめの為に、殿下御出あるべかむなり。いづくにても待ちうけ奉り、前駆御随身どもがもとどりきッて、資盛が恥すすげ」とぞ宣ひける。殿下是をば夢にもしろしめさず、主上明年御元服、御加冠、拝官の御さだめのために、御直廬に暫く御座あるべきにて、常の御出よりもひきつくろはせ給ひ、今度は待賢門より入御あるべきにて、中御門を西へ御出なる。猪熊堀河の辺に、六波羅の兵ども、ひた甲三百余騎、待ちうけ奉り、殿下を中にとり籠め参らせて、前後より一度に時をどッとぞつくりける。前駆御随身どもが今日をはれとしやうぞいたるを、あそこに追つかけ、爰に追つつめ、馬よりとッて落とし、散々に陵礫して、一々にもとどりを切る。随身十人がうち、右の府生武基がもとどりも切られにけり。その中に、藤蔵人大夫隆敏がもとどりをきるとて「是は、汝がもとどりと思ふべからず、主のもとどりと思ふべし」と、いひふくめてぞ切ッてンげり。其後は、御車の内へも、弓のはずつきいれなンどして、すだれかなぐりおとし、御牛の鞦《しりがい》、胸懸《むながけ》きりはなち、かく散々にしちらして、悦の時をつくり、六波羅へこそ参りけれ。入道、「神妙なり」とぞ宣ひける。御車ぞひには、因幡のさい使、鳥羽の国久丸と云ふ男、下臈なれどもなさけある者にて、泣く泣く御車仕って、中御門の御所へ還御なし奉る。束帯の御袖にて、御涙をおさへつつ、還御の儀式あさましさ、申すもなかなかおろかなり。大織冠、淡海公の御事は、あげて申すに及ばず、忠仁公、昭宣公より以降、摂政関白のかかる御目にあはせ給ふ事、いまだ承り及ばず。これこそ平家の悪行のはじめなれ。

小松殿こそ大きにさわいで、其時ゆきむかひたる侍ども、皆勘当せらる。「たとひ入道いかなる不思議を下知し給ふとも、など重盛に夢をばみせざりけるぞ。凡そは資盛奇怪なり。栴檀は二葉よりかうばしとこそ見えたれ。既に十二三にならむずる者が、今は礼儀を存知してこそふるまふべきに、か様に尾籠を現じて入道の悪名をたつ。不孝のいたり、汝独りにあり」とて、暫く伊勢国におひ下さる。されば此大将をば、君も臣も御感ありけるとぞきこえし。

平家もまた、特に朝廷をお恨みする事もなかったが、そのうち世の乱れ始めた根本は次のような事からである。去る嘉応二年十月十六日、小松殿(重盛)の次男、新三位中将資盛卿が、当時はまだ越前守といって、十三になられたが、雪はうっすらと降ていたし、枯野の景色がまことに趣深かったので、若侍どもを三十騎ほど連れて、蓮台野や紫野、右近馬場に出かけ、鷹を多く持って行かせ、その鷹を放して鶉・雲雀を追い立て追い立てして、終日狩りをして、夕暮になって六波羅へ帰られた。その時の摂政は、松殿（藤原基房）でいらっしゃったが、中御門大路の南、東洞院大路のご邸宅から、参内なさった。郁芳門より内裏におはいりになる予定で、東洞院大路を南へ、大炊御門を西へお出でになった。資盛朝臣は、大炊御門大路の猪熊で、摂政殿のお出ましにばったり出会った。摂政殿の御供の人々が「何者だ、無礼であるぞ。おでましだから、乗物から下りなさい。下りなさい」とせきたてたがあまりに平氏の威勢を自慢し勇み立って、世間をなんとも思っていなかったうえに、召し連れた侍どもが皆二十以内の若者どもだし、礼儀をわきまえた者は一人もない。

摂政殿のおでましも問題にせず、いっさい下馬の礼をとることもなく、駆け破って通ろうとしたので、暗くなってはいたし、全然入道相国の孫とも知らないで、また少しは知っている者がいても、空とぼけて知らないふりをして、資盛朝臣をはじめ、侍どもを皆馬から引き落し、たいそう恥をかかせた。資盛朝臣は、やっとのことで六波羅へ行かれて、祖父の入道相国に、この事を訴えられたので、入道はたいへん怒って、「たとえ摂政殿であろうとも、浄海の身内の者をはばかり遠慮なさるべきなのに、幼い者に、何の躊躇もなく恥をかかせたのは、遺恨な事である。こういう事からして、人にはばかにされるのだ。この事を摂政殿に思い知らせてあげなくては、おられないぞ。摂政殿へのお恨みをはらしたいものだ」と言われると、重盛卿が申されるには、「これは少しも気にすることはありません。頼政・光基などと申す源氏どもにばかにされましたような際には、たしかに平家一門の恥でもございましょう。重盛の子供ともあろう者どもが、殿下のおでましに出会って、乗物から下りないのこそ、無作法です」といって、その時、事件に関係した侍どもを呼び寄せて、「今後も、お前たちはよくよく心得るがよい。まちがって殿下へ無礼をはたらいた事を、私のほうからおわびしたいと思っている」といって、帰られた。

その後、入道相国は、小松殿には相談もされないで、片田舎の侍どもで、無骨で、清盛入道の仰せ以外には、また恐ろしい事はないと思う者どもを、難波・瀬尾をはじめとして、総計六十余人召し寄せて、「来る二十一日に、天皇御元服のお打合せのために、摂政殿のおいでがあるはずだ。どこででも待ち受け申して、前駆・御随身どもの髻《もとどり》を切って、資盛の恥をそそげ」と言われた。摂政殿はこの事を少しもご存じなく、天皇の明年の御元服・御加冠・拝官のお打合せのために、宮中の摂関大臣の宿所にしばらくいらっしゃる予定で、いつものおいでよりも身だしなみをお整えになり、今度は待賢門大路から宮中におはいりになる予定で、中御門を西へおいでになった。猪熊・堀河の辺に六波羅の兵士どもが、一同皆甲冑に身を固めて三百余騎、待ち受け申して、摂政殿を中に取り囲んで、前後から一度に鬨をどっとつくった。前駆・御随身どもが、今日こそ晴れの時と着飾っていたのを、あそこここに追いかけ追い詰めて、馬から引き落し、さんざんに暴行を加えて、一人一人髻を切った。随身十人のうち、右近衛の府生武基の髻も切られてしまった。お供の中で藤蔵人大夫隆教の髻を切る際に、「これはお前の髻と思ってはならぬ、主人の髻と思え」と言いふくめて切った。その後は、御車の内にも、弓の両端を突き入れたりして、車の簾を引きずり落し、御牛の鞦《しりがい》・胸がいを切り放して、このようにさんざんにやりちらして、喜びの関の声をあげて、六波羅へ参った。入道は、「感心である」と言われた。御車ぞいには因幡の先使いの鳥羽の国久丸という男がいた、身分は低いが思いやりのある者で、泣きながら御車に付き添って、中御門・東洞院のご邸宅へお帰し申し上げた。摂政殿が束帯の御袖で御涙をおさえながら、お帰りになる儀式の興ざめなこと、ことばではとても言い尽せないくらいである。大織冠（鎌足）・淡海公（不比等）の御事は特に言うまでもなく、忠仁公（良房）・昭宣公（基経）よりこのかた、摂政関白がこんな目におあいになった事は、まだ聞いたことがない。これこそ平家の悪行の始めであった。

小松殿は非常におあわてになった。出かけていった侍どもを皆、きびしく咎めなさった。「たとえ入道相国がどんなとんでもない事を命令なさっても、どうして重盛に夢でも知らせなかったのか。だいたい資盛がけしからん。梅檀《せんだん》は二葉より芳《かんば》しといわれている。すでに十二、三歳になろうとする者が、もう礼儀を心得てふるまうべきなのに、このように無礼をはたらいて入道相国の悪い評判を立てる。不孝至極、責任はお前一人にある」といって、しばらく伊勢国に資盛を追いやられた。だからこの大将（重盛）を、君も臣も感心なさったということであった。

図7　明星大学図書館所蔵「平家物語」絵本巻一「殿下乗合」

この話は大きく三つの要素で構成されている。一つは、きっかけとなった藤原基房と平資盛の出会いの事件、一つは藤原基房が報復される事件である。もう一つは、息子資盛の非礼に冷静に対処する穏健な父親平重盛像と、孫資盛に対する仕打ちに激怒し報復を命じる祖父清盛像についての対照的な描写である。

次に歴史学の世界ではこの事件をどのように評価してきたのか、見ておこう。歴史学者は重盛と清盛の対比の部分の注目した。ここが基本史料となる貴族の「日記」と食い違っているからである（これについては後述）。従来の歴史学の「通説」的理解は以下のごとくである。

基房はその下手人を処罰して謝罪したのであるが、重盛はひじょうに立腹してこれをゆるさず、報復の機会をねらっていた。（略）重盛は執念深く、その（基房の）部下の過失をとがめて、何故か恨みをいだきつづけた。そこには平氏一門の思い上がった一面がのぞかれる。（略）三ヶ月後の一〇月二一日、参内しようとする基房の行列が、多数の武士に狼藉を受けるという事件がついにおこった、明らかに重盛の意思による報復である。

（安田元久『院政と平氏』）

つまり、歴史研究の通説的理解は、「重盛はひじょうに立腹」し「明らかに重盛の意思による報復である」と評価し、報腹の主体は平重盛だと断定している。先に見たように、物語では、重盛は資盛の非礼を叱責する冷静な人物であると描かれている。貴族の「日記」によれば平重盛のはずの報復の主体が、『平家物語』では清盛に変えられており、重盛はむしろ清盛を批判し貴族社会の秩序を重んじる人物として描かれている。つまり、物語は平清盛の悪行を際立たせるため、報復の首謀者を清盛に書き換え、その対比のために実際には報復の主体であった重盛を冷静な人物として描き出した、と説明されてきた。

真実はどうだったのか？　以下、貴族日記の史料に基づいて、事件の三つの要素すなわち、藤原基房と平資盛の接触事件、報復襲撃の主体、藤原基房の襲撃事件に留意しながら、客観的に分析していくことにする。

この事件の基本史料となっている貴族の「日記」は、摂関家の九条（藤原）兼実の日記『玉葉』である。『玉葉』活字刊行本は、最近宮内庁書陵部から刊行された（『玉葉』九条家本）が、それまで研究の史料として中心的に用いられてきたのは国書刊行会から刊行されたものであった（『玉葉』国書刊行会本）。ここでは、従来の研究史の足跡を追うために、その時代の研究者が用いていた『玉葉』国書刊行会本で、まず示してみることにする。

①『玉葉』**嘉応二〈一一七〇〉年七月三日条**

今日法勝寺御八講初也、有御幸、摂政被参法勝寺之間、於途中越前守資盛重盛卿嫡男乗女車相逢、而摂政舎人居飼等打破彼車事及恥辱云々、摂政帰家之後、以右少弁兼光為使、相具舎人居飼等、遣重盛卿之許任法可被勘当云々、亜相返上云々、

今日、法勝寺御八講初なり。御幸有り。摂政、法勝寺に参らるの間、途中において越前守資盛（重盛卿の嫡男）の女車に乗るに相逢ふ。而して摂政の舎人・居飼ら彼の車を打ち破り、事恥辱に及ぶと云々。摂政、家に帰るの後、右少弁兼光を以て使となし、舎人・居飼らを相具し、重盛卿の許に遣はし、法に任せ勘当せらるべしと云々。亜相、返上すと云々。

②『玉葉』**嘉応二年七月五日条**

人々云、乗逢事、大納言殊欝云々、仍摂政、上臈随身并前駈七人勘当、但随身被下厩政所等云々、又舎人・居飼給検非違使云々、

人々云く、乗逢の事、大納言、殊に欝なりと云々。よって摂政、上臈随身ならびに前駈七人を勘当す。ただし随身は厩の政所などに下さると云々。また舎人・居飼、検非違使に給ふと云々。

①②によれば、七月三日、法勝寺に向かう藤原基房の行列と女車に乗る平資盛の行列との間で衝突が起き、基房の従者が資盛の車を破壊する事件が起こった。帰宅後、基房は事件の下手人である居飼・舎人を資盛の父重盛の許に護送してきた。しかし、重盛はこれを「返上」した。その二日後、基房は事件に関係した随身・前駈を処分し、居飼・舎人を検非違使に送った。

③『玉葉』**嘉応二年七月十六日条**

或人云、昨日摂政被欲参法成寺、而二条京極辺ヱ武士群集、伺殿下御出云々、是可搦前駈等之支度云々、仍自殿遣人被見之処、已有其実、仍御出被止了云々、末代之濫吹、言語不及、悲哉、生乱世、見聞如此之事、宿業可慨々々、是則乗逢之意趣云々、

或人云く、昨日、摂政、法成寺に参らんとせらる。しかるに二条京極辺へ武士群集し、殿下の御出を伺うと云々。これ前駈らを搦むべきの支度と云々。よって殿より人を遣りて見らるの処、すでにその実有り。よって御出を止められ了ぬと云々、末代の濫吹、言語に及ばず。悲しき哉、乱世に生まれ、かくの如きの事を見聞するは、宿業を慨すべし慨すべし。これ則ち乗逢の意趣なりと云々。

③によれば、衝突事件の約十日後の十六日、基房が法成寺に行こうとした際、二条京極辺りに武士が集まって、待ち構えて行列の前駈を捕らえようとする計画が発覚した。このため外出は中止された。これは「乗逢の意趣」によるものだということであった。

④『玉葉』嘉応二年十月廿一日条

此［　　　］元服議定、申刻着束帯、参大内（略）或人云、摂政参給之間、於途中有事帰給了云々、余驚遣人令見之処、事已実、摂政参給之間、於大炊御門堀川辺、武勇者数多出来、前駈等悉引落自馬了云々、神心不覚、是非不弁、此間其説甚多、依摂政殿不被参、今日議定延引之由、光雅来示、

これ［　　　］元服の議定、申刻に束帯を着し、大内に参る。（略）或人云く、摂政参り給ふの間、途中において事有りて帰り給ひ了ぬと云々。余、驚きて人を遣りて見さしむの処、事すでに実なり。摂政、参り給ふの間、大炊御門堀川の辺において、武勇の者、数多出来り、前駈ら悉く落馬より引き落とし了ぬと云々。神心覚へず、是非を弁へず、この間その説甚だ多し。摂政殿参られざるにより、今日の議定、延引の之由、光雅来たり示す。

④によれば、衝突から三か月後の十月廿一日、高倉天皇元服の議定に出かけた基房の行列が襲撃を受け、途中で引き返したという情報が入った。調べた結果、事実であった。大炊御門堀川のあたりで武士

に襲撃され、前駈らが馬から引き落とされたということであった。摂政が来なかったので、天皇の元服の議定は延期になった。

二　物語と史実との間

物語と史実の違いについて、以下、（1）季節、（2）場、（3）報復の主体、（4）重盛の「うつ」、（5）報復の五つの観点から、見つめなおしてみたい。

（1）「季節」

まず、場面設定として季節の設定が違っている。現実の事件は七月三日に起こっている。とんでもない異常気象でもなければ物語の記すような「雪ははだれに降ったりけり」ということはあり得ないし、七月に大雪などという異常気象があれば九条兼実はその日の日記の冒頭に「雪降る、近年の中、事の外の大雪なり。」（『玉葉』仁安二〈一一六七〉年十一月十六日条）などのようにまず特記したであろう。

また、百歩譲って異常気象で七月の京都に雪が降ったとしても、蓮台野や紫野が「枯野のけしき」とはならない。本来は夏におきた事件を、冬の雪景色の場面に大幅に変更させたのは、白一色を背景に事件が起きるという物語の色彩的効果を狙ったのであろうか。

既に指摘されていることだが、冬の狩りをする平家の公達といった風景は、治承二年正月藤原忠親が

図８　現在の「美土呂坂」

現在の深泥池から岩倉幡枝町辺りで出会った平維盛一行の様子が思い起こさせる。ただ、その様子はずいぶん異なっている。

　治承二〈一一七八〉年正月二十二日、「近年未だかくの如き大雪を見ず」という大雪で、その夜の積雪は「五寸」に及んだ。雪見に出かけていた藤原忠親は翌二十三日、雪の残るなか、さらに鞍馬寺まで向かうこととした。

辰剋、大雪を凌ぎ昨日の雪消へず、今日は降らず、中山堂より鞍馬寺へ参る。美土呂坂において右少将維盛朝臣折帽子、直垂を着す。烏小袴・行縢、騎馬すに逢ふ。侍五人騎馬し前後に在り。また十余人、波太枝堂に下り居る。今暁、狩猟のために櫟原野に向ふと云々。犬十五疋後に在り。鹿二頭、猪一頭、鶉（雉）一羽これ

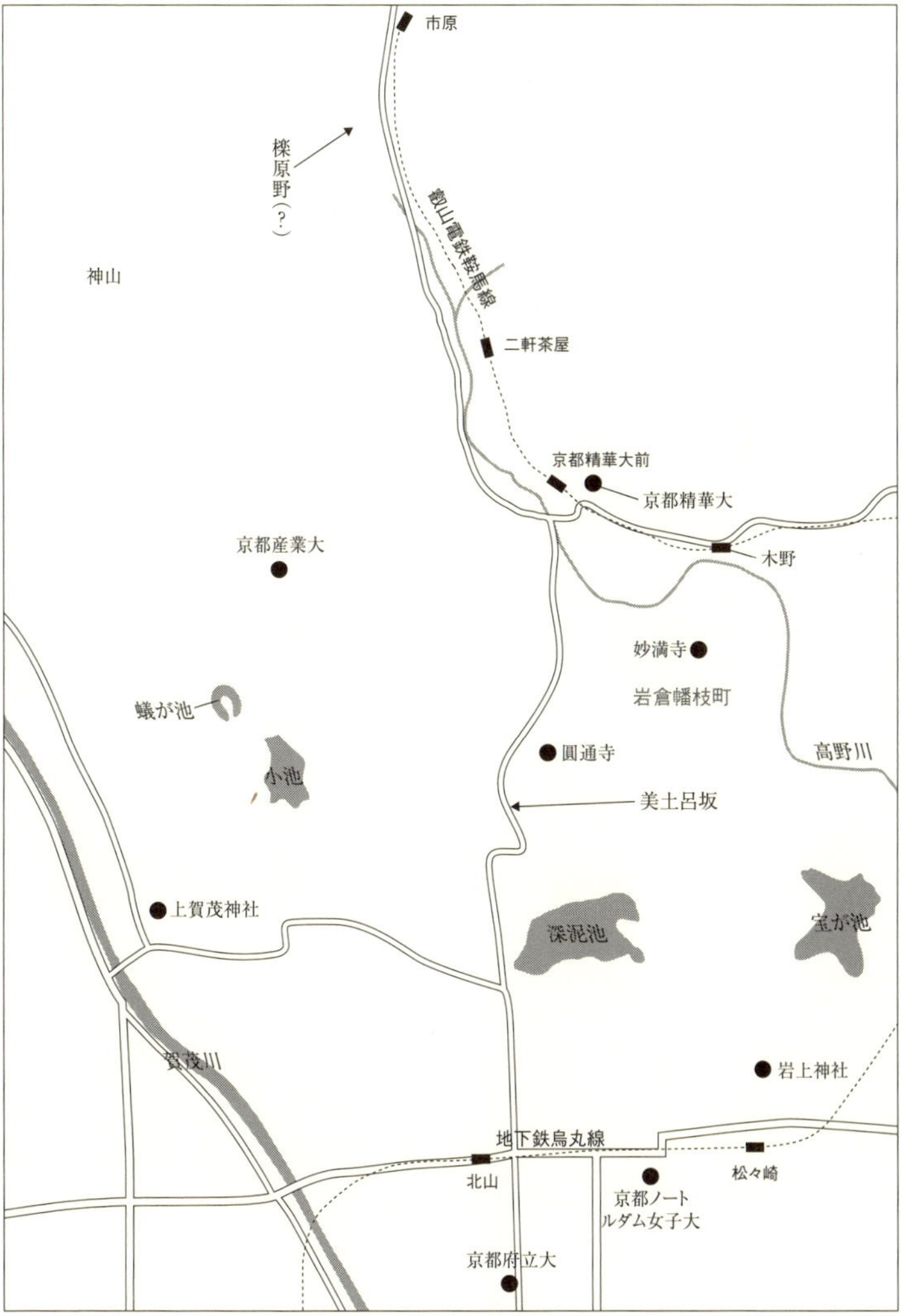

図9　深泥池から幡枝にかけて

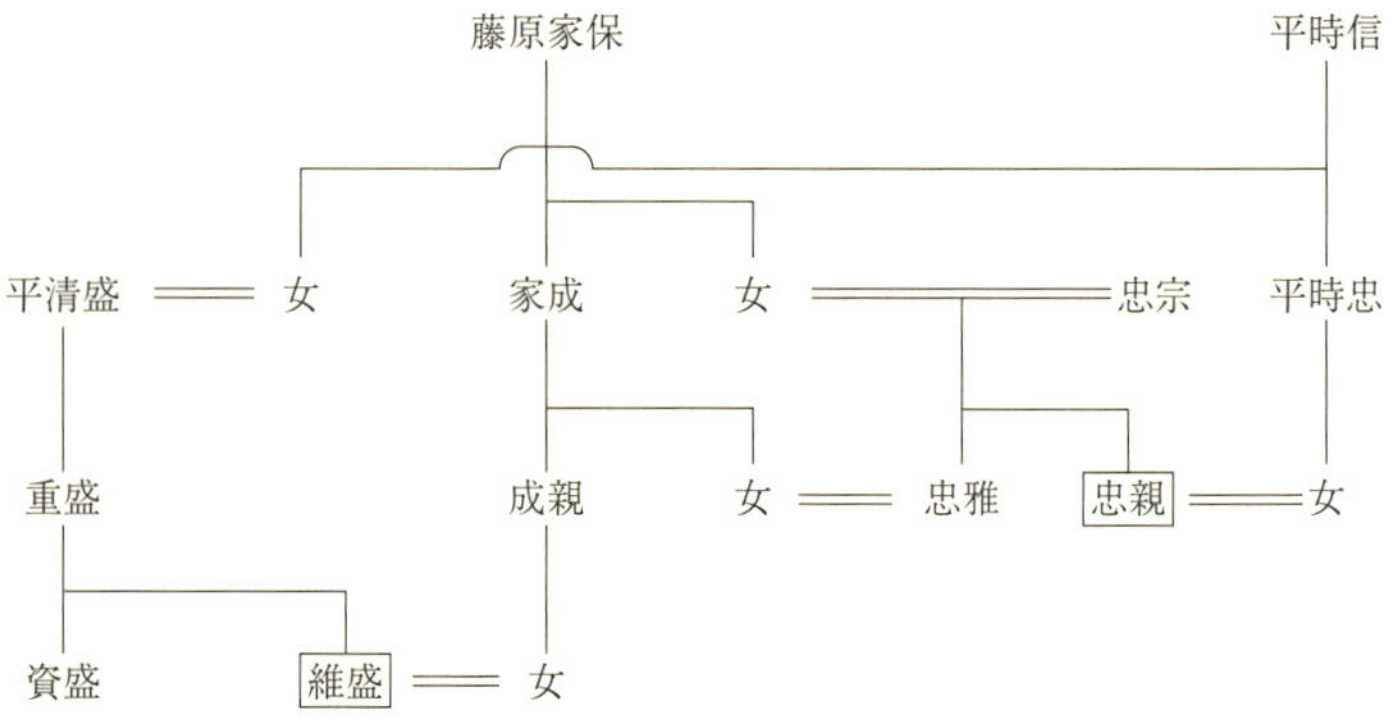

図10　平維盛と藤原忠親の関係系図

を取る。或ひは弓を以て朸となし、或ひは竿をもってこれを荷ぐ。およそ鹿五頭、射ると云々。少将予を見て下馬す。予輿を舁き居へしむ。少将、力者を勧めこれを舁かしむ。よってこれを過ごす。

現在も残る深泥池脇の坂道「美土呂坂」において、狩りに出かけていた平維盛一行と出会った。殿下乗合事件の主人公平資盛同様、重盛の息子である。騎馬の従者五人が随い、坂を北に下った「波太枝堂」（現在の岩倉幡枝町辺り？）には十数人が待機していた。早朝より、「櫟原野」（現在の市原周辺？）で狩りをしており、既に多数の獲物を得ていた。

忠親の姿を確認した維盛は下馬の礼を取った。忠親も輿を下ろさせ挨拶をした。維盛は雪の中での輿の移動を気遣ってか、輿の担ぎ手を援助してくれたようである。このときの忠親と維盛の関係を調べてみると、忠親は、この年四十七歳、従二位権中納言で右衛門督・検非違使別当も兼ねている。維盛は、この年二十歳、従四位上で中宮権亮。官位など全ての面で当然忠親が上位であり、かつ藤原家成系や平時信系との二重の女系で結ばれており（図10参照）、丁寧な対応が当然の関係である。寒い冬の朝、騎馬で狩猟にいそしむ武士的な側面も見せる一方、年長の親しい公卿に対するへりくだった丁寧な対応と、非の打ち所無い平家の若き公達である。平家物語は、このような平氏の姿は描かない。むしろ、逆の描き方をしていることになる。

また、この狩猟の時の維盛のイメージに引きづられてか、本来「女房車」に乗っていたはずの資盛が、平家物語では騎馬していたことになっており、このときの平家の武士的イメージを形成する効果を担っているが、史実では資盛は女車に乗ることによって世俗的な儀礼から外れようとしていたのであって、平氏の若武者であることを全面に押し出して行軍していたわけではない。風景としては、都大路をゆっくり移動する女房車なのである。

（2）「場」…基房の邸宅・目的地・衝突の場所

次に、空間設定を確認してみよう。そもそも、衝突事件が起きたのは、京都のどの辺りだろうか。そもそも、基房はどこからどこへ行く途中だったのだろうか？

史実を示すはずの『玉葉』には基房の目的地が法勝寺であると書かれているが、その出発点も書かれていないし、最も肝心な衝突事件の場所についても書かれていない。物語の場合、それでは話が進まないので、表2で示したように場所が記されている。

物語では、基房は自分の屋敷である「中御門東洞院の御所」から内裏の郁芳門へ向かっている途中で

表2　「遭遇」をめぐる平家物語諸本の比較

典拠		基房の行き先	遭遇場所	資盛
『玉葉』	嘉応二年七月三日	法勝寺	記載なし	女車
四部本	嘉応二年十月十六日	法住寺	六角京極	騎乗
延慶本	嘉応二年十月十六日	法住寺	六角京極	騎乗
長門本	嘉応二年十月十六日	法住寺	六角京極	騎乗
南都本	嘉応元年十月十六日	法住寺	六角京極	騎乗
覚一本	嘉応二年十月十六日	内裏	大炊御門猪隈	騎乗
屋代本	嘉応二年十月十六日	内裏	大炊御門堀川	騎乗
中院本	嘉応三年十月十六日	内裏	堀川猪熊	騎乗
源平闘諍録	嘉応二年十月十六日	内裏	大炊御門大宮	騎乗
源平盛衰記	嘉応二年七月三日	法勝寺	三条京極から六角京極	女房車

あったとされている。両者の遭遇場所は物語では「大炊御門猪熊」となっているが、『玉葉』には具体的には記されていない。じつは、本書の他の部分でもたびたび指摘してきているが、『平家物語』と一口に言っても、細部の記述は諸本によって大きく異なっている。この衝突場所も覚一本では「大炊御門猪熊」となっているが、表2のように諸本によってバラバラである。

現在でも、京都で場所を表記するときには、「東西の道路名・南北の道路名」などの様に表す。「中御門東洞院」とは中御門大路と東洞院大路の交差点を意味する。ただ交差点だけではその四方に区画が存在するので、厳密に表すときには、「東西の道路名＋方角・南北の道路名＋方角」などと表記する。たとえば「中御門南・烏丸東」とは、中御門大路の南・烏丸小路の東となり、ここが松殿の場所となる。平家物語の「中御門東洞院」も結果的には同じ松殿で、厳密には「中御門南・東洞院西」とすべきであるが、著名な建物は交差点を示すだけで十分だったのだろう。

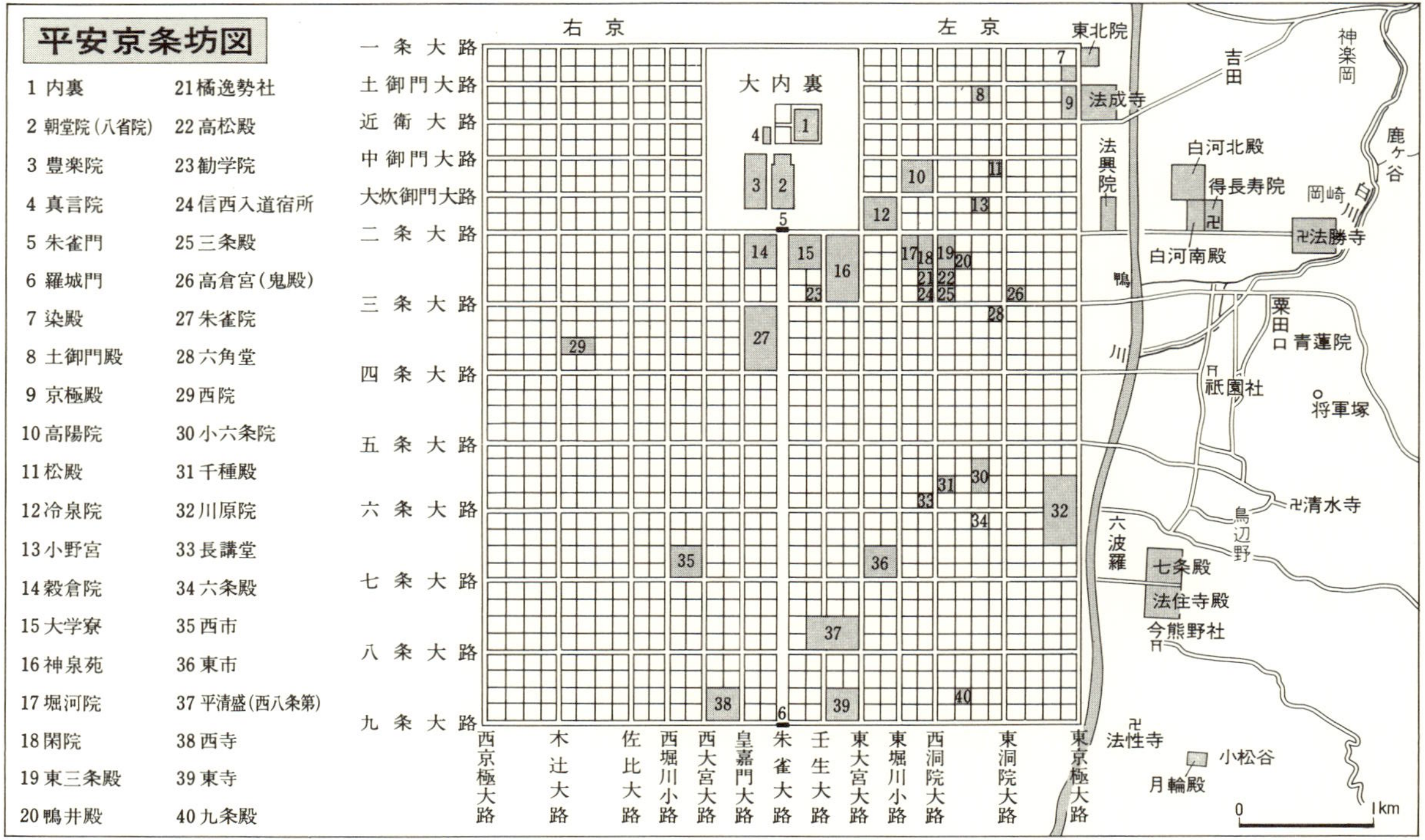

図11　平安京条坊図(小学館新編日本古典文学全集41『将門記 陸奥話記 保元物語 平治物語』より転載)

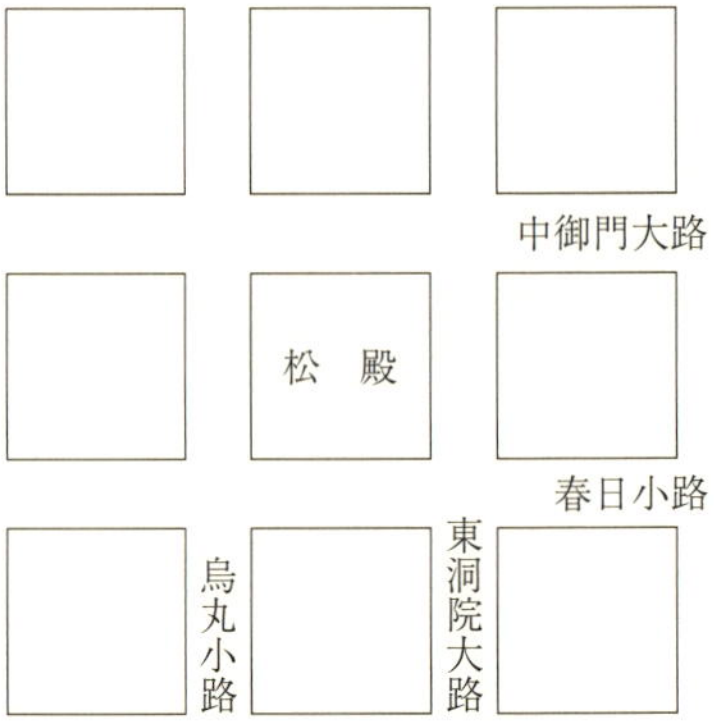

図12　松殿と街路

基房の出発点については、物語はほぼ共通して「中御門東洞院」にある邸宅ということになっている。この邸宅が基房の別称「松殿」の由来となっている邸宅としての松殿である。邸宅松殿は二条三坊十六町に位置した邸宅で、

亥剋、上西門院の御所焼亡す。中御門南・烏丸東、松殿と称す。四分一屋なり。女院一昨日より（御はすか？）、左少将基家朝臣の宅なり

（『山槐記』仁安二〈一一六七〉年二月十五日条）

とあるように、元は上西門院（＝鳥羽天皇の皇女）の居所であったが、仁安二年に焼亡した後、基房が手に入れたらしい。

このあと

この日、関白、新造家の移徙なり。（略）この家松殿の跡なり。中御門南・烏丸東角なり（略）。

（『玉葉』承安三〈一一七三〉年十二月十六日条）

とあるように、基房が建物を新築して移り住んだのは承安三〈一一七三〉年のことであった。殿下乗合事件の起こった嘉応二〈一一七〇〉年には、基房はまだ松殿に移り住んでいなかったとみられるため『平家

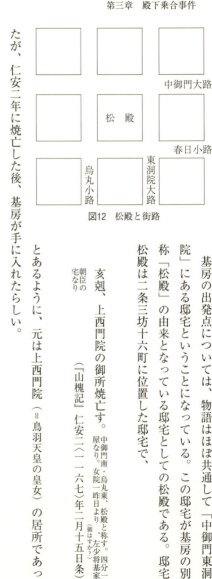

物語』がここを拠点とするのは史実に合わない。のちにこの基房がこの邸宅の名称にちなんで「松殿」とよばれるようになり、それが定着したころ、基房の邸宅＝邸宅としての松殿という固定観念のもとで物語が形成され、史実と異なってしまったのだろう。物語の展開上は、基房がどの邸宅に住んでいたのかはあまり重要ではない。史実と異なっていたとしても、基房の邸宅＝松殿の方が、耳にスムースに入ったのであろう。

基房の出発点が邸宅としての松殿でないとするならば、基房はどこから出発したのだろうか。この時期の基房の拠点について史料を検討してみよう。

仁安三〈一一六八〉年、高倉天皇は閑院第で譲位された。

今日、御譲位の事有り摂政の閑院第を借り召し用らる所なり

（『玉葉』仁安三年二月十九日条）

このいわゆる閑院内裏であるが、この閑院第は摂政基房から「借り召」したものであったという。嘉応二年九月に基房に返されるまで高倉天皇の里内裏として用いられていた。

『愚昧記』仁安二〈一一六七〉年十二月十日条に「今日、殿下閑院に遷り給ふ事有り。去八月より造営事有り。今日、其功を終わる。はなはだ以て速かなるものか。（後略）戌刻、三条万里小路亭に参る（略）、殿下、閑院に渡り給ひ、未だ帰らしめずと云々」とあるので、閑院に移る以前には三条万里小路第を拠点としていたことがわかる。また、閑院に遷った翌年仁安三〈一一六八〉年十一月十六日条に「摂政亭三条万里小路」とあるので、閑院第を新造して以降も、閑院第と三条万里小路第をともに拠点としていたことが確認できる。

その場所は『愚昧記』仁安四〈一一六九〉年正月一日条に「殿下に参る道隣たるにより参るところなり」とあり、愚昧記の記主藤原実房邸の隣であった。さらに『愚昧記』仁安二〈一一六七〉年正月一日条に「摂政亭に参る去る廿九日より北隣に渡り給ふ」とあるので、基房の三条万里小路第は、三条南高倉東にあった『愚昧記』の記主三条実房邸の「北隣」の「道隣」にあったことがわかる（図13③）。

この三条万里小路亭については、『玉葉』の嘉応二〈一一七〇〉年十二月二十六日条に、

> 下官、三条万里小路第に渡り居る。件の家、隆輔朝臣の家なり。しかるに院よりこれを召し、摂政に借し奉られ、この四五年来、居住せらる所なり。しかるにこの間、皇居大内となし、摂政閑院に坐され近日居住の人無きにより、摂政に借り申す所なり。破損の体たるやすでに以って荒蕪なり。然れども遼遠の煩ひを避けんがため、強ひて渡り住む所なり

とある。

つまり、摂政基房は三条万里小路第にこの「四五年来」居住していたが、この年九月に「今夜、大内に行幸す。閑院第を摂政に返され給ふ」（『玉葉』九月二十七条）とあるように高倉天皇が閑院内裏から本来の内裏に遷ったあとは、基房が閑院第に遷った。そのため、三条万里小路第は近日は居住の人が無いという状態で破損していたようである。そこを『玉葉』の記主の九条兼実が借り受けているところを見ると、四、五年来居住していた基房ではあったが九月に閑院第に遷る際には、完全に引き払ってしまったようである。基房が去ってからわずか三ヶ月で「荒蕪」の状態まで破損が進むかという疑問もあるが、留守を守る者も居ないほどの完全な転宅だったとすれば、空き家状態となり、忍び込み荒らしていく者も居たのか、無人の邸宅は荒れ果ててしまっていたのだろう。ただ、この『玉葉』の記載によって、摂政基房が九月までは三条万里小路（図13③）、九月以降は閑院第（図13④）を拠点にしていたことが確認できる。

基房の拠点として、もう一つ史料に顔を見せるのが藤原邦綱の土御門東洞院第（図13①）である。ここは、仁安二年六月に六条天皇の里内裏（『愚昧記』六月十日条）となり、翌年の高倉への譲位後もそのまま居所となったようで「新院」（『愚昧記』仁安三〈一一六八〉年四月九日条）とよばれている。その後、いずれの時期かはっきりしないが基房の居所となったようで「摂政亭土御門東洞院、邦綱卿家なり」（『愚昧記』嘉応二年四月十六日条）とある。承安元年の記事にも「日来、摂政この家に居られる所」（『玉葉』承安元〈一一七一〉年八月二十二日条）とあり、嘉応二年から翌年頃に基房の拠点となっていたことがわかる。

検討の結果、衝突事件のとき法勝寺に向けて基房が出発した邸宅は、三条万里小路第と土御門東洞第

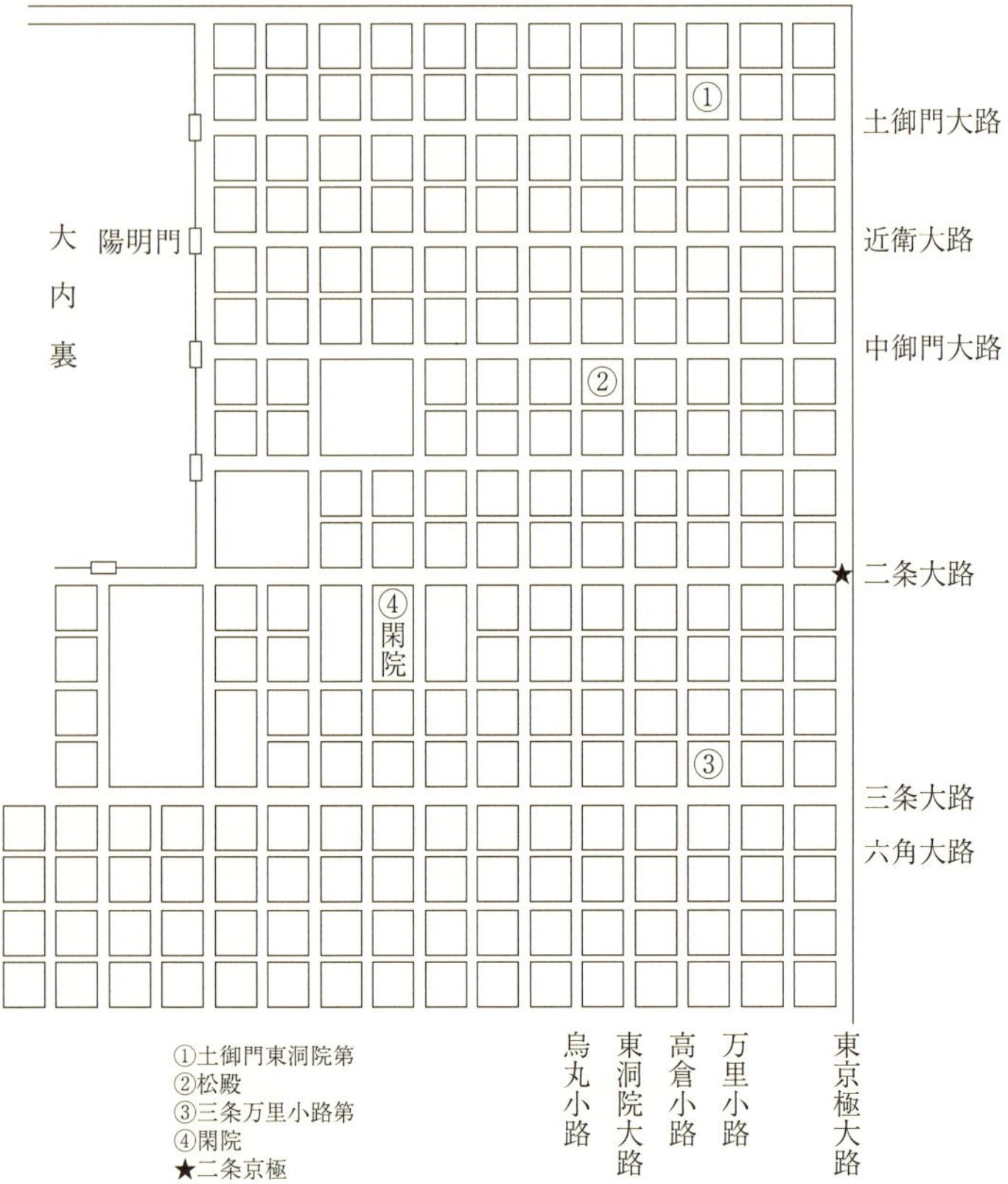

図13　藤原基房の邸宅の位置

の二ヶ所の可能性があることがわかった。閑院は事件発生当時は高倉天皇の内裏となっていたので、除外される。天皇から返還された後の閑院第は基房の中心的拠点となったので、嘉応二年九月に全て機能をその閑院に遷し、そのあと荒廃した三条万里小路第は、言い方をかえればそれまでは後の閑院と同じ本拠の役割を果たしていたと考えられる。よって、中心的な拠点は三条万里小路亭の方だったのだろう。土御門東洞院第は藤原邦綱からの借り物である。

なお、七月十六日に法成寺へ向かう摂政基房一行を武士が待ち伏せた場所は「二条京極」辺り（図13★）であった。図11でわかるように、法成寺は近衛大路の延長線上付近にあるので、土御門東洞院第や中御門東洞院第＝松殿（図13②）から出発したのでは二条大路を経由しないはずである。

ということは、七月十六日の出発点は、三条万里小路第ということになる。ここからなら、「三条大路・東行」→「京極大路・北行」と通れば待ち伏せ場所の「二条京極」を通ることになる。

衝突事件の起こった七月三日に基房がどこから出発したかの確証はないが、当時は三条万里小路第が拠点であったこと、七月十六日は三条万里小路第から出発していたことなどを考え合わせると、その日、基房は三条万里小路第を出発した可能性が高い。こう考えると、『源平盛衰記』の描く「三条京極」というのは、三条万里小路から法勝寺に向かうとき通過する場所であり、史実には場所を特定する記事がないので、興味深い。

「盛衰記」以外の諸本の記述について、四部本・延慶本・長門本・南都本の描く

○出発点「松殿」→衝突地点「六角京極」→目的地「法住寺」

という設定は、「出発点」も「目的地」も史実ではなく、全くの虚構である。

また、屋代本・中院本・源平闘諍録の描く

○出発点「松殿」↓衝突地点「大炊御門大路」周辺↓目的地「内裏」

という設定も、「出発点」は史実と異なり、目的の内裏も事件発生の七月時点では本来の内裏ではなく閑院第が里内裏であったので、これも史実と食い違っている。もし中御門東洞院の松殿から大炊御門大路を利用して閑院内裏に向かうのであれば、大宮大路も堀川・猪隈小路も経由しない。どう考えても、このルートも全くの虚構である。

（3）「報復の主体」…重盛なのか、清盛なのか？

『平家物語』諸本がすべて、報復の主体を平清盛だとするのに対し、歴史学の通説では「重盛はひじょうに立腹」、「明らかに重盛の意思による報復である」（前掲安田元久『院政と平氏』）と述べ、報復の主体は平重盛だと断定している。一方、物語では、重盛は資盛の非礼を叱責する冷静な人物であると描かれている。このギャップを埋めるために、物語は平清盛の悪行を際立たせ、報復の首謀者を清盛に書き換え、実際には報復の主体であった重盛を冷静な人物として描き出した、と説明が考え出され、一見、整合的に見えるので、これまた常識化している。

以上のような通説的理解を常識とする歴史学者や国文学者は次のようなあらすじのNHK大河ドラマ「平清盛」をどのような思いで見たのであろうか。

重盛はこの事件について礼節を欠いていた資盛を叱るのみだった。（略）そんな折、事件は起きた。基房の輿を謎の武装集団が襲ったのだ。次々と従者たちの髷が切り落とされて、基房も底知れぬ恐怖感を抱く。それはすべて時忠の策略だった。内裏に出仕した重盛は、基房をはじめ貴族たちが突然、平家に対して従順になっているので、何かがあったと察する。慌てて館に帰ると基房が襲われた一件は、すべて重盛の策略だったということになっており、平家一門はよくぞ復しゅうしてくれたと重盛を褒めたたえた。

（NHKドラマ『平清盛』第三七回、二〇一二年九月二十三日放送「殿下乗合事件」あらすじ〈http://www9.nhk.or.jp/kiyomori/story/37.html〉、＊現在リンク切れ）

清盛の意を受けた時忠を首謀者とし、重盛は主体として錯覚された、と描くこのストーリーは、荒唐無稽な設定なのであろうか？　重盛が主導者であるという通説は、揺るがない絶対的な理解なのであろうか？

摂政基房の行列が襲撃されたのは嘉応二年十月廿一日のことであった。その日の『玉葉』（史料④、88頁）の「摂政参り給ふの間、大炊御門堀川辺において、武勇者数多出来し、前駈ら悉く馬より引き落とし了ぬと云々」という記述を素直に読む限りは、誰が「武勇者」に指示をして基房の行列を襲撃したのかは記されてはいない。

資盛の父である重盛は一番疑われやすい立場であった。しかし、その日の『玉葉』の後半に「その説甚だ多し」と記されているように、当時情報は錯綜していた。『玉葉』の記主九条兼実は、慎重な態度で首謀者を特定する記述を控えている。つまり、首謀者は不明だったのである。かなりの情報網を持っているはずの兼実でさえ、首謀者を確定できないでいるのである。また、『百錬抄』同日条は「これ先日資盛の会稽なり」と記し、平氏による報復であろうと推測しているが、その主体については『玉葉』同様に何も触れていない。つまり、先日の資盛の事件の報復だろうという想像はついたが、首謀者については同時代人にもわからなかった、というのが真実である。

では、なぜ日本史学界は重盛を報復の首謀者としてきたのだろうか。それは、先入観による史料の誤読と、史料本文の錯綜とに原因がある。すこし煩雑な説明が続くが、どのように間違った解釈が通説となっていくかという説明にもなるので、暫くお付き合い願いたい。

永く通説は揺るぎないものであった。なぜなら、次のような当時の一級史料『玉葉』の記事が正しく解釈されていると信じられてきたからである。これは前掲史料①であるが、行論の都合上、再掲する。

摂政、家に帰るの後、右少弁兼光を以て使とす。舎人・居飼等を相具し、重盛卿の許に遣し、法に任せ勘当せらるべしと云々、亜相返上すと云々、（嘉応二年七月三日条）

基房が自発的に送ってきた下手人を突っ返したのだから、常識的に考えて、誰が見ても重盛は「ひじょうに立腹」していたと解釈してしまう。そして、基房が家に帰ると早々に早速下手人を送ってきたのは、平氏の権勢を恐れたためだと思い込んでしまった。たしかに、この記事のみを単独で解釈するのであれば、一見、それは誰もが納得する妥当な解釈のように思われる。

しかし、貴族社会における紛争解決についての歴史学の先行研究を踏まえると、解釈はだいぶ変わってくる。当時の貴族同士のこのような紛争解決について、前田禎彦氏は、「摂関期の闘乱・濫行事件」において、

〈1〉加害者側の本主が被害者側に下手人を引き渡すこと
〈2〉被害者側も下手人を返送するのが一般的であること
〈3〉事件の処理は当事者間の交渉によって進められ、使庁の役割は下手人の禁獄だけに限定されていること

を指摘している。

今回の事件もこの一連の流れに沿って解決が図られていることがわかる。基房が下手人を重盛に引き渡したのは、平氏の権勢を恐れたからではなかった。また、同様に、重盛が下手人を「返送」したのも、「ひじょうに立腹」したからなどでなく、むしろ当時の貴族の慣習通りの穏当なものであったのである。

別の事件でも「使に付して返し奉る」（『小右記』長和二〈一〇一五〉年正月廿七日条）、「使に付して返送す」（『小右記』長和二年七月廿日条）などとあり、どちらの史料においても、闘乱事件の下手人を加害者側の本主が自主的に被害者側に護送し、送られた被害者側ではその礼に対し、護送してきた使にそのまま下手人を付して返送している。すでに摂関期からこのような紛争処解決の手続きがとられていること

がわかる。

殿下乗合事件の当初の処理を前田論文の手続き〈1〉〈2〉〈3〉に当てはめてみると、

〈1〉加害者側の本主（基房）が被害者側（重盛）に下手人（舎人・居飼）を引き渡す→史料①

〈2〉被害者側（重盛）も下手人を返送する（「返上」）のが一般的である→史料①

〈3〉処理は当事者間の交渉によって進められ使庁の役割は下手人の禁獄に限定（「舎人・居飼給検非違使」）→史料②

以上のことからわかるように、平重盛が下手人を基房に「返送」したことや、下手人を検非違使に渡したことなど、この一連の処理は当時の闘乱解決の慣習に従っただけのことであった。

このような方法によって、貴族たちは無用な闘乱の拡大を防いでいたのであり、いわば貴族社会全体の安全保障となっていた。前田氏もこの殿下乗合事件の一連の対処が、この慣習に基づいて行われていることをすでに指摘している。

この慣習は摂関期や院政期に限ったものではない。鎌倉時代の建長二〈一二五〇〉年六月、増忠法印と兵部権大輔平時仲との乗合事件が起きた。喧嘩を起こした側の平時仲が、事後増忠法印の師であり叔父でもある長谷前大僧正静忠に謝罪をしている。この事件の場合、実際に被害を受けたのは礼を失した時仲の側であったために、下手人の送付は行われず謝罪のみとなったが、十三世紀半ばにいたっても牛童と扈従の喧嘩の謝罪は「時仲、長谷前大僧正の許に参りこの事を謝す」とあるように失礼を犯した側から行われており、前田氏が指摘された事件解決の慣習は継続していたものと考えられる。『岡屋関白記』

の記主近衛兼経が、この事件の顚末について記している「彼是相和さば何んぞ此の難有らんや」（あちらもこちらもお互い仲良くしていればどうしてこのようなことが起きるだろうか）という感慨に、摂関期と変わらぬ貴族たちの「宥和」への願いが込められている（『岡屋関白記』建長二年六月廿二日条）。

このような慣習を確立することによって、末端同士の紛争が主人である貴族同士の無用な対立に発展させないことになり、貴族社会の「宥和」が維持される結果となった。

もちろん、このような闘乱事件の平和的解決がいつも行われていたわけではない。事件を起こした下手人が公卿などのしっかりした本主を持っていること、本主が事を荒立てず「宥和」を願っていることなどが必要である。これらの条件が満たされない場合は報復などは当然起こりうることも申し添えておきたい。

（4）重盛の「欝」

もう一つ、重盛が「ひじょうに立腹」したという通説の根拠になっているのは、五日条の「殊に欝」という表現である。下手人の「返上」を激怒の故だと理解すると、自動的に「殊に欝」も激怒の別の表現と理解してしまうのも無理はない。しかし、その解釈の前提となっている「返上」が当時の貴族の慣習に沿った処理の一環だとすると、ここの「欝」＝激怒と自動的に解釈する前提は崩壊する。

①の史料の「返送」は当時の闘乱事件解決の慣習に則っただけのことであった。しかし、史料②で、基房が随身や前駈を追加処分したことは「乗逢の事、大納言殊に欝」という情報によるものであり、こ

の部分については、重盛の「立腹」や「摂政への鬱念」の表れであると理解できる可能性があるようにも思われる。であれば、こののち起こる報復の主体はやはり重盛ということが出来るのではないか、ということになってくる。

史料②『玉葉』嘉応二年七月五日条は刊本によって微妙に字句が異なっている。ここは、史料の原文を御覧いただかないとわからないことなので、原文を示すことにする。

②-a「国書刊行会」本

人々云、乗逢事、大納言殊鬱云々、仍(1)摂政、上臈随身并前駆七人勘当、但(2)随身被下厩政所等云々、又舎人・居飼給検非違使云々、

これを見る限りは、大納言の「殊鬱」という前段と、摂政による随身・前駆の処分という後段が、「仍」(波線(1))という接続詞によって因果関係で結ばれているように見える。ただその「鬱」が何を指しているのか、吟味する必要がある。その「鬱」が、我が子に害を加えた基房に対する怒りを意味するのか、高倉即位を控えた重要な時期に摂関家との間に無用な軋轢を生じさせたその混乱について心配を意味するのか、考えてみなくてはならない。下手人の「返上」を激怒の故だと解釈した時代には、「鬱」＝激怒と理解しても無理はない。しかし、「返上」がむしろ貴族社会の秩序を守るルールの一環だったとなると話は変わってくる。なぜなら、ルールに則った「返上」を行ったということは、重盛が平穏な解決

を望んでいることの表れである。「激怒」などしていないのである。「激怒」していない人間が抱える「鬱」とはなんであろうか？

ここで思い出していただきたいことがある。それは、衝突事件の約十日後の十六日、基房が法成寺に行こうとした際、二条京極辺りに武士が集まっていた記事（史料③）である。そこで待ち構えていた武士とは「乗逢の意趣」とある以上は平氏関係者と見て間違いないが、武士たちは基房本人を狙ったのではなく「前駈らを搦むべきの支度」と③にあるように、行列の前駈を捕らえようとする計画であった。そこに見られるのは、「平氏」対「摂関家」ではなく、平氏の「武士」対摂関家の「前駈」という対立関係である。平氏の武士は平和的解決に不満を持っていた。このような動向は、貴族社会の秩序と安寧を守ろうとする立場の平重盛には十分に「鬱」なものであったはずである。

さて、別本では微妙に文面が異なっている。

②-b「九条家」本

人々云、乗逢事、大納言殊欝云々、但(1)摂政、上臈随身并前駈七人勘当、随(2)身被下厩政所等云々、又舎人・居飼給検非違使云々。

一見すると何も違わないようにも見えるが、実は重要な違いが波線部に生じている。国書刊行会本との違いは⑴「仍」→「但」、⑵「但」→「　」の二箇所である。九条家本の「但」という語では、重盛の欝という前段と、摂政による随身・前駈の処分という後段が、必ずしも因果関係で結ばれないことになる。

つまり②－a国書刊行会本では「人々がいうには、重盛は乗合事件について非常に欝だということである。そこで（それを心配し今までの措置に加えさらに、）摂政基房は上臈随身や前駈七人を勘当に処した。」という意味になるが、②－b九条家本では「人々がいうには、重盛は乗合事件について（無用な緊張を生むものとして）非常に心配しているということである。ただし、摂政は上臈随身・前駈七人を勘当に処したということである。（「これで事態は終息に向かうか？」というような意味にも取れる）。

現時点においてはどちらの解釈が正しいのか、決定的ではない。しかし、決定的ではないということは、少なくとも重盛の「欝」＝激怒と短絡的に捉え、さらにそれを三か月も後の報復と直結させて、証拠もないのに報復の主体を重盛だとする従来の「通説」もまた決定的ではないということになる。

貴族社会のルールに則った下手人「返上」の解決法を選択した平重盛の決定を判断の基準におくのであれば、平重盛は「ひじょうに立腹してこれをゆるさず、報復の機会をねらっていた」という通説はなりたたない。

「総じて『平家物語』は重盛をよく描き、清盛を悪逆非道に描いているので、その叙述のままに認められるものではない。事実は『玉葉』などの記すのが正しいとすべきであろう」（五味文彦『平清盛』）という説明も肝心の「『玉葉』などの記すの」が正しく理解されていなければ、前提が崩れてしまう。

『玉葉』を根拠に、重盛報復主体説を唱えることは、史料的根拠が脆弱であることは述べてきたとおりである。しかし、重盛を主体と考える史料は他にもある。それは、以下に掲げる二つの史料である。一つは次に示す『愚管抄』である。

『愚管抄』（巻第五）

小松内府重盛治承三年八月朔日ウセニケリ。（略）イカニシタリケルニカ、父入道ガ教ニハアラデ、**不可思議ノ事**ヲ一ツシタリシナリ。子ニテ資盛トテアリシヲバ、（略）ソレガムゲニワカ、リシ時、松殿ノ摂籙臣ニテ御出アリケルニ、忍ビタルアリキヲシテアシクイキアヒテ、ウタレテ車ノ簾切レナドシタル事ノアリシヲ、**フカクネタク**思テ、関白嘉応二年十月廿一日高倉院御元服ノ定ニ參内スル道ニテ、武士等ヲマウケテ前駈ノ髻ヲ切テシナリ。コレニヨリテ御元服定ノビニキ。**サル不思議アリシカド世ニ沙汰モナシ**。次ノ日ヨリ又松殿モ出仕ウチシテアラレケリ。

（日本古典文学大系86、岩波書店、一九六七）

『愚管抄』の記主慈円は、十月廿一日の襲撃の主体を「フカクネタク」思った重盛だと考え、しかし一方でこのとき以外の重盛の行動と照らして整合性のないその行動を「不可思議ノ事」であると記している。まず、確認しておきたいのは、『愚管抄』の成立は承久年間〈一二一九～一二二二〉前後といわれており（『国史大辞典』）、事件から約五〇年後の著作であるということである。慈円は久寿二年生まれといわれ、事件当時一五歳、すでに受戒後であり、この事件の渦中にはいない。おそらく事件当時は比叡山のどこかに居り、京都市中にはいなかった。つまり、この『愚管抄』の記述は僧籍に身を置いていた当時一五歳の少年の半世紀後の記述なのである。重盛が「フカクネタク」思ったという記述の根拠が示されているわけではない。それは、比叡山山中にいた若い僧の許に入ってきた風聞の類いであろう。事件に関わっていない当時一五歳の少年の五〇年後の根拠を示さない証言のみでは、重盛の有罪判決は出せまい。

『愚管抄』に書かれていることが全て史実とは限らないということについて一つ例を挙げておこう。鳥羽上皇の諮問をうけた藤原忠通が雅仁親王を推したために後白河天皇の践祚が実現したように『愚管抄』は記しているが、橋本義彦氏は「僅か一、二年前に守仁（＝二条天皇・筆者註）の受禅を再三奏請した忠通がそうした奉答をするのは不可能」であり、『愚管抄』の記述は「極めて疑わしい」と評価している（『藤原頼長』）。このように、『愚管抄』の記述については一定の配慮が必要で、まさにこの重盛首謀説も（慈円自身疑いつつ書いているが）その一つである。

また文学研究者の美濃部重克氏も主謀者を「平重盛ではないかと推測している」が、一方で「『愚管抄』の記すように平重盛の仕業とすれば」その証拠（「鍵」）が必要となるが「今のところ、その鍵はない」と根拠のないことを認めている（『観想平家物語』）。

慈円は比叡山の情報を兼実にもたらしているが、おそらくその逆に、慈円の都の情勢についての情報源となっていたであろう兄九条兼実の日記『玉葉』には、その風聞すら記されていないことに注意すべきである。当然、風聞の一つとして「資盛の父重盛の報復ではないか」という説は兼実の耳にも入っていたとも思われるが、兼実はそれを一顧だにせず「この間、その説はなはだ多し」とだけきわめて冷静に日記に記している。

『愚管抄』に書かれている根拠のない風聞よりも、『玉葉』に書かれていないという事実の方が重要である。

この出来事について、慈円は「サル不思議アリシカド世ニ沙汰モナシ」と、その後の処分などがなかったことを訝しんでいるが、同時代の九条兼実の『玉葉』にはそのような疑問は記されておらず、何も無かったかのように日記は書き進められている。事件当時は平氏の権勢に遠慮して書けなかったとしても、平氏滅亡後は何の遠慮もないはずである。

貴族日記の特性として、日記記述時点で不明であったことが、後日わかった場合には追記することが多い。たとえば、

　或人云く、俊成卿薨ずと云々。未だ実否を知らず。**後に聞く、**謬説と云々。

（『玉葉』安元二年九月二十九日条）

とあるように、九月二十九日に藤原俊成が亡くなったという情報が入ったが、その時点では「実否を知

らず」という状態であった。後日、それが誤りであったことがわかったので、日記には「後に聞く」と確定した情報を、書き継いでいる。

また、『玉葉』ではないが、同時代の貴族藤原実房の日記『愚昧記』に

伝へ聞く、今夕禁中に放火の事有りと云々。陣座の西方と云々。後に聞く、放火事、小舎人保貞のなす所と云々。（『愚昧記』治承元年六月二十一日条）

とある。後日、禁中であった放火事件の犯人が小舎人保貞だったことがわかったので、「後に聞く」と日記に記録された。今回の場合もたとえば「後に聞く、乗合意趣の事、大納言重盛卿のなす所と云々。」とでも書こうと思えば書けたはずである。にもかかわらず、兼実は書かなかった。それは書かなければならない必然的理由が無かったからである。

報復後の基房と重盛の協議によって、家人同士の紛争は処理されたのであり、そのように処理されたのであれば、従者の私闘に国家的な「沙汰」（前掲『愚管抄』）が行われないのはむしろ当然であった。兼実の『玉葉』に、平氏に遠慮が無くなったあともこの事件について何も記されなかったのは、従者の私闘であって基房対重盛という対立や、摂関家対平氏などという図式の争いではなく、貴族社会の慣習に従ってそれぞれの主人の間で解決済みの事件であり、後日これについて書く必要も、書く意味も無いレベルの事件であったからである。通説のように重盛を首謀者と考える立場では、あれほど同時期の出

来事について詳細に記述する『玉葉』が、なぜこの事件について何も記さなかったのかということの説明が不可能である。

もう一つ、重盛首謀者説を記すのは以下に示す「秘本」である。

『源平盛衰記』巻三所引「秘本」

秘本云、入道相国ハ、福原ニテ逆修被行ケル間也。平大納言重盛ノ所為也ト聞ヘキト。普通ニ大ニカハレリ

ときとして非常に史料性の高い記述がある『源平盛衰記』であるとはいえ、やはり物語である。他の『平家物語』諸本には一切引用されず、『源平盛衰記』のみに、書名も明かさずただ「秘本」とされ、その性格が不明なこの史料について、これ以上の真偽の判定は不可能である。

ただ、清盛は福原で逆修を行っている（これは現時点では史料的に確認できない）ので、重盛の所為であると「聞ヘキ」と風聞を伝えている。この「報復事件当時清盛は福原にいるから首謀者ではない」という議論は「秘本」以外にも目にすることがある。

『平家物語』では清盛の命令で報復が行われたと語っているが、九月二十日に清盛は福原におり、

十月三十日にも福原にいたことが『玉葉』から知られ、報復を実行した十月二十一日に福原にいた可能性が高い。（五味文彦『平清盛』）

報復当日、平清盛は在京せず福原にいたことを理由に、清盛を報復の首謀者の候補から外す理屈は共通している。はたして、この理屈は正しいのであろうか。鉄砲玉に仕立てあげられた若い実行犯が犯罪を犯し、首謀者である親分が犯行時刻にゴルフ場にいるなどという設定は、映画やドラマなどでもおなじみである。犯行当日、現場近くにいるかいないかなどということは、首謀者かどうかの何の根拠にもならない。とくに今回の事件の場合、発端が七月、報復が十月、これだけ期間があれば福原といわず、鎌倉からでも指示は出せよう。「清盛は逆修のために福原にいるから、これは重盛のやったことである」などという底の浅い理由しか付していない「秘本」の信用度は限りなく低い。

以上のように、重盛を首謀者として記述する二つの史料とも、一次的史料ではなく、どちらも確証があって記述したわけではない。別にこの時代に限らなくとも、子供が被害者の事件の復讐が行われたとなれば、まず誰しも親を疑う。そのような風聞が当時に流布していたとしても何の不思議もない。というより事情がわからない人間はこれを真実として疑わなかったであろう。しかし、そのような風聞を受け容れる一方で、「不可思議ノ事」（『愚管抄』）「普通ニ大ニカハレリ」（『源平盛衰記』所引「秘本」）と見られるように、息子の事件に対する短絡的な復讐行為と、それまでの重盛の人間像との乖離に、人々は一様に首をかしげるのである。

以上、『源平盛衰記』所引「秘本」は存在そのものが怪しいし、『愚管抄』のこの部分の記述には信憑性に問題がある。それより、第一級史料である『玉葉』の記事にこそ重きを置くべきであり、本書はその立場をとっている。平重盛は首謀者である可能性は低い。では、『平家物語』の描くように平清盛が首謀者かというと、その証拠もない。また、平家首脳陣のまったくあずかり知らないところで、平家関係の武士たちが摂関家の従者に意趣晴らしをしたということも考えられる。

結局のところ、現時点ではいずれとも確定できない。しかし、くどいようだが、繰り返しておく。通説の平重盛首謀者説はとりあえず、引き下げなければならない。そしてそれに依存した、『平家物語』は殿下乗合事件の首謀者を平重盛から清盛に意図的に置き換え、重盛を善人に清盛を悪人に意図的に展開したという物語論もいったん見直されるべきである。

（5）「報復事件」

さて、首謀者が誰であるのかといった点は決定的に判断できないが、報復事件そのものは実際に発生している。きっかけとなった遭遇場所については、その出発点となる当時の摂政基房の邸宅場所の誤認から、「源平盛衰記」を除く『平家物語』諸本がすべて全くの虚構で描かれていた。とすれば報復攻撃の場所はどこであったのか、気になるところである。

報復場所について、『平家物語』諸本は、屋代本の「中御門堀河」を除けば、内裏の郁芳門前の大炊御門大路という点では共通している。出発点については、記載のないものと中御門東洞院＝松殿とする

表13 「報復」をめぐる平家物語諸本の比較

典拠	出発点	報復場所
『玉葉』	（閑院第）	大炊御門堀川
四部本	中御門東洞院	大炊御門猪隈
延慶本	（記載なし）	猪熊堀河
長門本	（記載なし）	猪熊堀河
南都本	（記載なし）	堀川猪熊
覚一本	（記載なし）	堀川猪熊
屋代本	（記載なし）	中御門堀河
中院本	（記載なし）	堀川猪熊
源平闘諍録	中御門東洞院	大炊御門猪隈
源平盛衰記	中御門東洞院	堀川猪熊

ものの二つに大別される。

史実としては、報復当時、天皇は里内裏である閑院から本来の内裏に移っており、『玉葉』には当日兼実が駆けつけた「摂政御許」は「閑院第」とあるので、基房の出発点は『源平盛衰記』のいう「中御門東洞院」（＝松殿）ではなく「閑院第」であった。平家物語諸本は、松殿から基房が出発したことを想定しているので、この時点ですでに史実とは異なっている。

当時の閑院から内裏への主な経路を当時の記録で見てみよう。永暦元〈一一六〇〉年十一月十三日に閑院から内裏への「遷宮」の時の二条天皇の移動経路は以下のとおりである。

> 西門を出御し、大炊御門を西行、大宮を北行、陽明・建春門に入御
> （『山槐記』同日条）

閑院第の西門を出るとすると油小路である。記述はないが、大炊御門大路に当たるまで油小路を北行したのか、一度二条大路に出て堀川小路に入ったか、この史料ではわからない（図14）。

後述するように、閑院から内裏に行くときには堀川小路を使うことが多いが、わからない。いずれにせよ大炊御門大路を西に行き、郁芳門前で右折（北に曲がり）し、（東）大宮大路を北に行き、陽明門か

ら内裏に入っている。

　また、同年十二月廿七日の閑院から内裏への「大内行幸」の経路も同じである（『山槐記』同日条）。元暦元年七月五日の閑院からの遷幸の際は、閑院東門からの出発であったが、「東門を出御、北行、二条を西行、堀河を北行、大炊御門を西行、大宮を北行」（『山槐記』同日条）とある（図15）。閑院の東門を出ると西洞院大路に出るのでそこを北行し、二条大路に出ると左折（西に曲がり）し西行し、（西）堀川小路にあたって右折（北へ曲がり）、大炊御門に出てそこから内裏に直進するのは同じである。

　閑院第の東西どちらの門から出ても、最終的には大炊御門大路に入る経路が用いられていた。報復の襲撃場所の「大炊御門堀川」は、行列が堀河小路を北行してきたとすると、大炊御門大路に入る曲がり角に当たり、大炊御門大路の曲がった先で待ち伏せすれば堀河小路を北行してきた基房の行列からは発見されにくい。

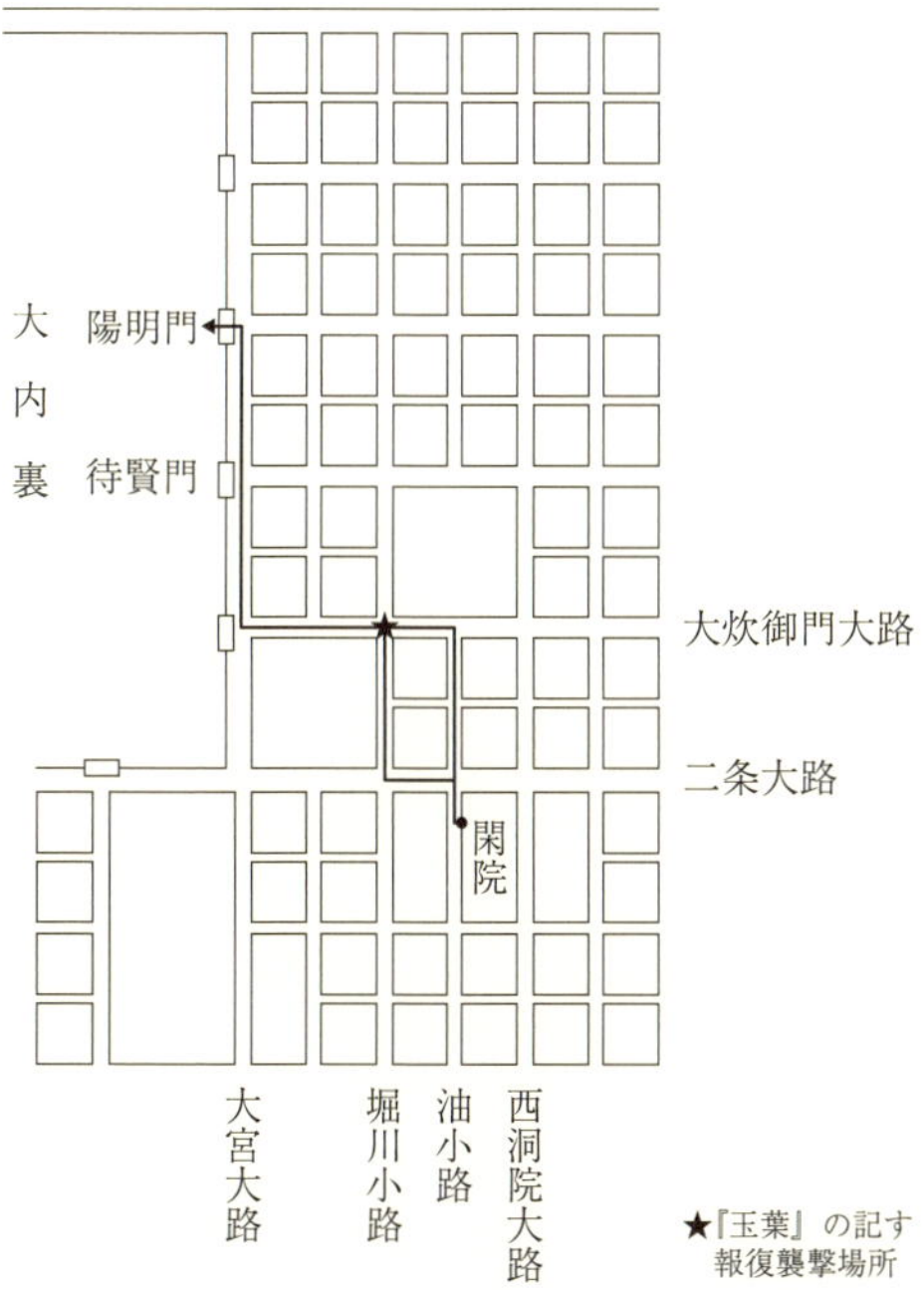

図14　永暦元年11月13日の経路

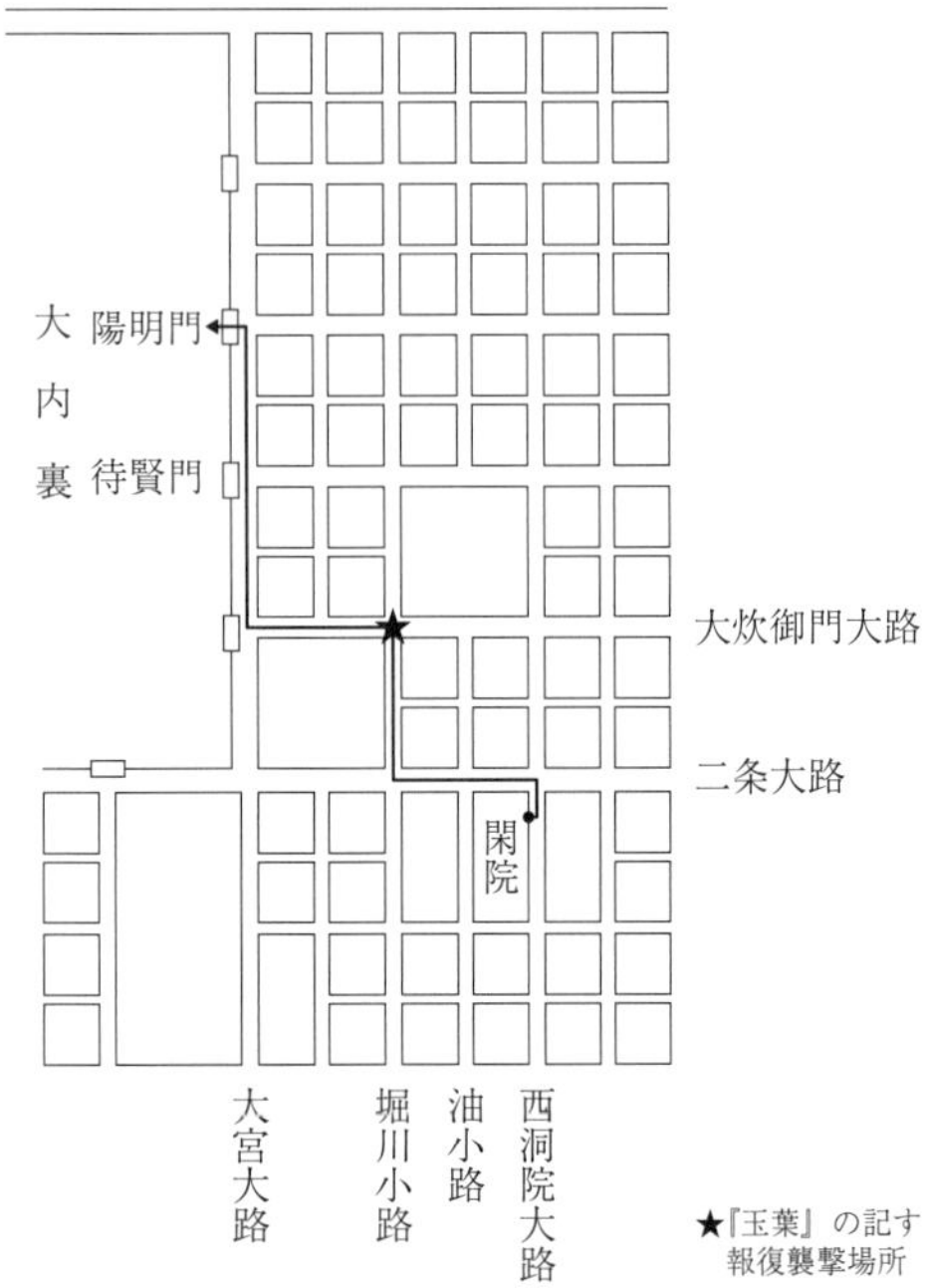

図15　元暦元年7月5日の経路

基房は大内裏のどの門を目指していたのだろうか。襲撃当日、『玉葉』の記主九条兼実は、「陽明門下に会ふ」とあるように陽明門から内裏にはいったようである。基房が、どの門から内裏に入ろうとしていたかは定かではないが、覚一本などは「中御門東洞院の御所より、御参内ありけり。郁芳門より入御あるべきにて、東洞院を南へ、大炊御門を西へ御出なる」と郁芳門を目指したとしている。しかし、中御門東洞院の邸宅「松殿」から大内裏の内裏に向かうのであれば、中御門大路を直進してそのまま待賢門から入るか、さらに大宮大路を北上して陽明門から入るのが自然である。わざわざ、遠回りをして郁芳門まで回る必然性はない。当日、兼実と雅頼は陽明門から入っており、また、先に示したように天皇が閑院から大内裏に向かうときも陽明門か待賢門を使用することが多い。物語が郁芳門を目指したとするのは、邸宅「松殿」から報復の現場となった「大炊御門堀川」を通り大内裏へと動線を引くには郁芳門を目指すしかないからではないかと推測される。通常、天皇や貴族が内裏に向かうために使用する陽明・待賢門に向かうことにすると「大炊御門堀川」は経路にならないからである。

この日、基房が兼実と同じく陽明門を目指したのか、待賢門を目指したのかは、確定することができない。しかし、以上見てきたように、報復当日、史実では基房は閑院を出て堀河小路を北行し、大炊御門大路を西行し、大宮大路を北行し、陽明門か待賢門を目指しており、その途中の曲がり角「大炊御門堀川」あたりで襲撃されたのである。

『平家物語』諸本を整理すると、松殿が北面する中御門を西へ進み猪熊堀川辺りで報復に遭ったとするのが（延・長・南・屋・覚・中）で、松殿の南にある大炊御門を西へ進み猪熊堀河の辺りで報復に遭ったとするのが（四・闘・盛）ということになる。そもそも中御門大路では史実と異なるし、また、邸宅「松殿」から東洞院大路か鳥丸小路を南行して大炊御門大路に入ったとしても、そこから堀河までは直進となり、前方が見通せてしまい、襲撃のために待ち受けている武士も早めに発見できてしまう。これらはやはり当時の松殿基房の邸宅を、史実の閑院ではなく中御門南・東洞院西の邸宅「松殿」であるとしてしまった誤りから来ている。ただし、中御門大路とする（延・長・南・屋・覚・中）よりも、大炊御門大路とする（四・闘・盛）の方がより史実に近い断片を残していると言ってよい。

殿下乗合事件は、平家物語の虚構性を語るとき、清盛を悪役、重盛を平家一門の良識派として描写する、物語の構成上の演出のための創作であるなどと、必ず引き合いに出される部分である。

貴族社会の慣習として行った下手人の「返上」を重盛の激怒の故と見なし、武士の行った報復を証拠もなしに重盛の指示と、歴史学が説明してしまったためである。先学がそのような評価を下した時代には、「返上」に関する研究も出されていなかったし、『玉葉』の記事を丹念に読み込んでいく研究も成されていなかったため、研究者の立場に立てば無理もないと言えなくもない。ただ、現在はもう、そのような言い逃れは通用しない。現在の証拠だけでいえば重盛は無実である（今後新資料が出てくれば話は変わるが）。あやふやな証拠のまま、国文学者や一般読者を惑わせてはいけないと、切に思う。

第四章　兄弟による左右大将独占

平氏による高位高官の独占はしばしば説かれるところだが、その筆頭は平重盛・宗盛兄弟による左右近衛大将の独占である。近衛大将とは、文字通り天皇の警護に当たる近衛府の大将であり、この時期になると実質的な意味はあまり持たないが、しかし天皇を直近で警護するという意味から、非常に名誉ある地位であった。

一　近衛の大将

（Ⅰ）猿《マヽ》程に此比の叙位除目は平家の心のまゝにて、公家院中の御計までも無し。摂政関白の成敗にても無りけれは、治承元年正月廿四日の除目に、徳大寺殿花山院中将殿も成給はす、況新大納言思やよるへき。入道の嫡子重盛右大将にて御坐しか左に移て、次男宗盛中納言にて御けるが数輩の上席を越て右に被加けるこそ申量り無りしか。嫡子重盛の大将に成給たりしをこそゆゝしき事に人思へりしに、二男にて打つゝき並給世には又人ありともミえさりけり。

（『延慶本　平家物語』一　第一本「廿重盛宗盛左右に並給事」）

「此比」（＝このごろ）、治承元年頃の叙位除目の実権は「公家」（＝朝廷）にも、「院中」（＝上皇）にも、摂政・関白にもなく、「平家の心のま丶」つまり平氏が掌握していた。その結果、右大将重盛が左大将に遷り、空いた右大将の地位には「徳大寺殿」藤原実定や「花山院中将」藤原兼雅ではなく、重盛の弟の宗盛が数人の上席の中納言を差し措いて任じられることとなった。その結果、平清盛の子息重盛が左大将に、宗盛が右大将にと、兄弟が左右の大将に並び立つような事態が生じた。以前に嫡子重盛が右大将になったことでさえ大問題なのに、今回は次男まで右大将になり、世の中には他に人がいないのかという状態であった、というのであった。

古態を残すと言われている延慶本を示したが、一般に手に入りやすい現代語訳が付されているものを示してみる。

其比《そのころ》の叙位、除目と申すは、院内の御ぱからひにもあらず、摂政関白の御成敗にも及ばず。唯一向平家のままにてありしかば、徳大寺、花山院もなりたまはず。入道相国の嫡男小松殿、大納言の右大将にておはしけるが、左にうつりて、次男宗盛、中納言にておはせしが数輩の上﨟を超越して右にくははられけるこそ申す計もなかりしか。中にも徳大寺殿は一の大納言にて、花族英雄、才学雄長、家嫡にてましましけるが、加階越えられ給ひけるこそ遺恨なれ。

そのころの叙位、除目と申すのは、法皇と内裏の御はからいでもなく、摂政関白のご裁決までもなく、ただひたすら平家の思うままだったので、徳大寺も花山院もおなりにならないで、入道相国の嫡男小松殿（重盛）が、大納言・右大将でいられたのが、左大将にうつり、中納言でいられた次男宗盛が、数人の上位の貴族を飛び越し右大将にお加わりになったのは、ことばでは言い尽せないあきれたことであった。なかでも、徳大寺殿は筆頭大納言で、摂家に次ぐ家柄であり、学識にすぐれ、徳大寺家の嫡子でいらっしゃったが、官位昇進を宗盛に越されなさったのは残念至極なことである。

こちらの本では「徳大寺殿」が「遺恨」に思った、となっていて、延慶本とは微妙に異なっている。しかし、別の箇所では延慶本もこちらの本も、とくに宗盛に先を越されたこと（＝超越）についての成親の不満ぶりを描いている。

（Ⅱ）さて新大納言成親卿被思けるは殿の中将殿徳大寺殿花山院に被超たらは何かせむ、平家の二男に被超ぬるこそ遺恨なれ、いかにもして平家を滅して本望を遂むと思ふ心付きにけるこそおほけなけれ、………三月五日除目に内大臣師長公太政大臣に転し給へる替りに左大将重盛大納言定房卿を越て内大臣に成れにけり。院三条殿にて大饗行はる、近衛大将に成給し上は子細に及はねども又宇治の左大臣の御例憚りあり、又太政入道心も思い出してみようとなけに云はれけれは由なしと被仰けるとかや。

（『延慶本　平家物語』一　第一本「廿二成親御人々語て鹿谷に寄合事」）

新大納言藤原成親は、「徳大寺殿」藤原実定や「花山院中将」*藤原兼雅など大将にふさわしい家格の者ならともかく、平氏風情の次男に先を越されたことを恨みに思い、物語の展開の上ではこのことが直後の鹿ケ谷事件への伏線となっていく。同じ部分の現代語訳を『小学館新編日本古典文学全集』を次に示しておく。

新大納言成親卿宣ひけるは、「徳大寺、花山院に超えられたらむはいかがせむ、平家の次男に超えらるるこそやすからね。是も万《よろづ》思ふ様なるがいたす所なり。いかにもして平家をほろばし、本望をとげむ」と宣ひけるこそおそろしけれ。

新大納言成親卿が言われるには、「徳大寺・花山院に越されるのはしかたがないが、平家の次男に越されるのは全く心外だ。これも万事平家の思うままになっている事から生じたのだ。なんとしてでも平家を滅ぼし本望を遂げよう」と言われたのは恐ろしいことであった。

右大将*の地位について新大納言成親は、「殿の中将殿」（＝藤原隆忠）、「徳大寺殿」（＝実定）、「花山院」（＝藤原兼雅）に先を越されるなら（家格の違いと）我慢は出来るが、（新参である）平家の次男に先を越されることについて恨みを抱いた。

以上のような、『平家物語』の記述を見たものは、叙位除目に対する平氏の専横ぶりと、それに不満をもつ藤原成親の思いに共感し、鹿ケ谷事件を成親の私情という流れで理解してしまうことになるわけだが、果たして史実はどうなのだろうか。

＊「花山院中将」について

治承元年正月段階の公卿で中将になっているのは、左中将藤原実家（徳大寺家）藤原兼房（摂関家）・右中将藤原実守（徳大寺家）藤原実宗（徳大寺家）藤原基通（摂関家）の五人しかおらず、花山院家の人物はいない。新大納言成親と競う立場の花山院家の人物は権中納言藤原兼雅がいるが、彼の左中将在任は応保元年～仁安三年までである。『平家物語』の呼称は必ずしもその時点のものが使われているとは限らない。

＊右大将

右大将は大納言より名誉があったため大納言でありながら「右大将」の方で呼ばれるのだ、という説明を見受けたことがあるが、これは誤りである。この時代の記録で人物を記録するとき名前単独で記すことは稀で、基本的には官職名で記していた。その場合、「左大臣」などのように一人だけが任命されるポストの場合はそれで済むのだが、大納言・中納言や参議は複数人存在するために、たんに大納言では誰のことかわからない。このため、その人物が兼官している官職名で記すのである。たとえば、「別当」「左衛門督」などのように兼官名で呼ばれていた。兼官が無い場合には、「藤大納言」・「源大納言」などと姓をつけた呼び方をするときもあるし、新参の者は「新大納言」などと呼ばれることもあった。右大将である大納言が「右大将」と呼ばれたからといって、大納言より「右大将」の方が重要視されたということではない。

左右の大将について、少し前例を調べてみよう。

あにの太政のをとどあぜちの大納言とてをはせし。大将をとうとになられてこもり給にし、一の大納言たゞのり、二の大納言さねゆき、三にてまさゝだの大納言、第四さねよしの大納言おはせし、上らう三人をおきて大将になり給しかば、さねゆき、まさゝだふたりはいりこもりてをはせしを、中の院の源大納言まさゝだ左大将になり給ひてのちこそ、さねゆき、まささだ右大臣、内大臣になり給ひしか。

（『今鏡』巻六　ふぢなみのした「花ちるにはのおも」）

兄の太政大臣、按察の大納言といっていらっしゃった。大将に弟がなられたので引き籠もられた。一の大納言忠教、二の大納言実行、三にて雅忠の大納言、第四は実能の大納言がいらっしゃった。上臈の三人をさしおいて大将におなりになったので、実行・雅忠の二人は引きこもっていらっしゃった。中院の源大納言雅定が左大将におなりになってのち、実行・雅定は右大臣・内大臣におなりになった。

（著者意訳）

崇徳天皇の保延五〈一一三九〉年十二月十六日、権大納言藤原実能は右大将を兼ねることになった。その上席の大納言としては、大納言藤原忠教、権大納言藤原実行・源雅定の三人がいたが超越された。このうち、実行と雅定はショックのためか、不満を表すためか、「いりこもり」という状態であった。とくに後に太政大臣となる按察使大納言実行は、実能の十六歳年長（『公卿補任』によれば実行六十歳、実能四十四歳）の異母兄であり、衝撃は大きかったものと思われる。翌六〈一一四〇〉年十二月雅定は左大将となり、序列としては右大将の実能の上に着き、面目を保った。後年、久安五年には、右大臣に実行、内大臣に雅定が任じられたが、先に右大将になった実能は大納言のままであり、大臣へのレースは逆転された結果となった。ただ、それはあくまで結果論であって、実能が上位三人を差し措いて右大将になった時点においては、超越された側が前途を悲観する程の意味を、この（左・右）近衛大将の地位は持っていたということになる。

まず近衛大将にはどのような人々が任命されているのかを知るために『公卿補任』によって調べてみたものが表4である。範囲は、白河上皇の院政が始まった堀河天皇の寛治三〈一〇八六〉年から国史大系本『公卿補任』の第一篇が終わる承元四〈一二一〇〉年までとした。

この表から明らかなことは、数人を除けば左右大将の地位は摂関家とのちの清華家によって独占されているということである。すなわち、図16に示したように「摂関家」の子弟か、師輔の子公季の末である「三条」・「徳大寺」家、藤原師実の子家忠を祖とする「花山院」家、同じく師実の子経実を祖とする「大炊御門」家、村上源氏の「久我」家の子弟に限定されているのである。わずかにこれから外れるのは、後三条天皇の孫の源有仁と平重盛・宗盛兄弟の三人しかいない（有仁は天皇の孫ということで別格の理由はつく。平氏兄弟については後述する）。すなわち、大将に限っていうかぎり、基本的にはすでに院政期には家格は形成されていたのである。逆にいえば、この各家の子弟でなければいくら公卿に列していても大将候補にはなりえないということになる。

表4　院政期の左・右近衛大将

	左大将				右大将			
	姓名	年	官職	家	姓名	年	官職	家
応徳三	源　顕房	50	右大臣	(久)	藤康師通	25	内大臣	摂
寛治七	源　俊房	59	左大臣	(久)	源　雅実	35	権大納言	久
八	藤原忠実	17	権中納言	摂				
康和五	源　雅実	45	内大臣	久	藤原家忠	42	権大納言	花
元永二	藤原忠通	23	内大臣	摂				
保安二	藤原家忠	60	大納言	花	源　有仁	19	権大納言	
長承四	源　有仁	33	右大臣		藤原頼長	16	権大納言	摂
保延五	藤原頼長	20	内大臣	摂	藤原実能	44	権大納言	徳
仁平四	藤原実能	59	内大臣	徳	藤原兼長	17	権中納言	摂
久寿三	藤原公教	54	権大納言	三	藤原公能	42	中納言	徳
平治二	藤原基房	17	内大臣	摂				
永暦二					藤原兼実	13	権中納言	摂
永万二	藤原兼実		内大臣	摂	藤原忠雅	43	大納言	花
同	藤原経宗	48	右大臣	大				
仁安三	藤原師長	31	大納言	摂	源　雅通	51	内大臣	久
承安四					平　重盛	37	権大納言	
安元三	平　重盛	40	内大臣		平　宗盛	31	権中納言	
同	藤康実定	39	大納言	徳				
治承三					藤原良通	13	権中納言	摂
文治二	藤原良通	32	内大臣	摂	藤原実房	40	大納言	三
四	藤原実房	42	大納言	三	藤原兼雅	41	内大臣	花
五	藤原良経	21	権大納言	摂				
建久二					藤原頼実	37	権大納言	大
九	藤原家実		権中納言	摂				
十					源　通親	51	内大臣	久
建仁二					藤原忠経		権大納言	花
建永二	藤原道家		中納言	摂	藤原公継	37	大納言	徳
承元四					藤原公房	32	大納言	三

家とは、摂＝摂関家久＝久我家、花＝花山院家、徳＝徳大寺家、三＝三条家、大＝大炊御門家を示す。

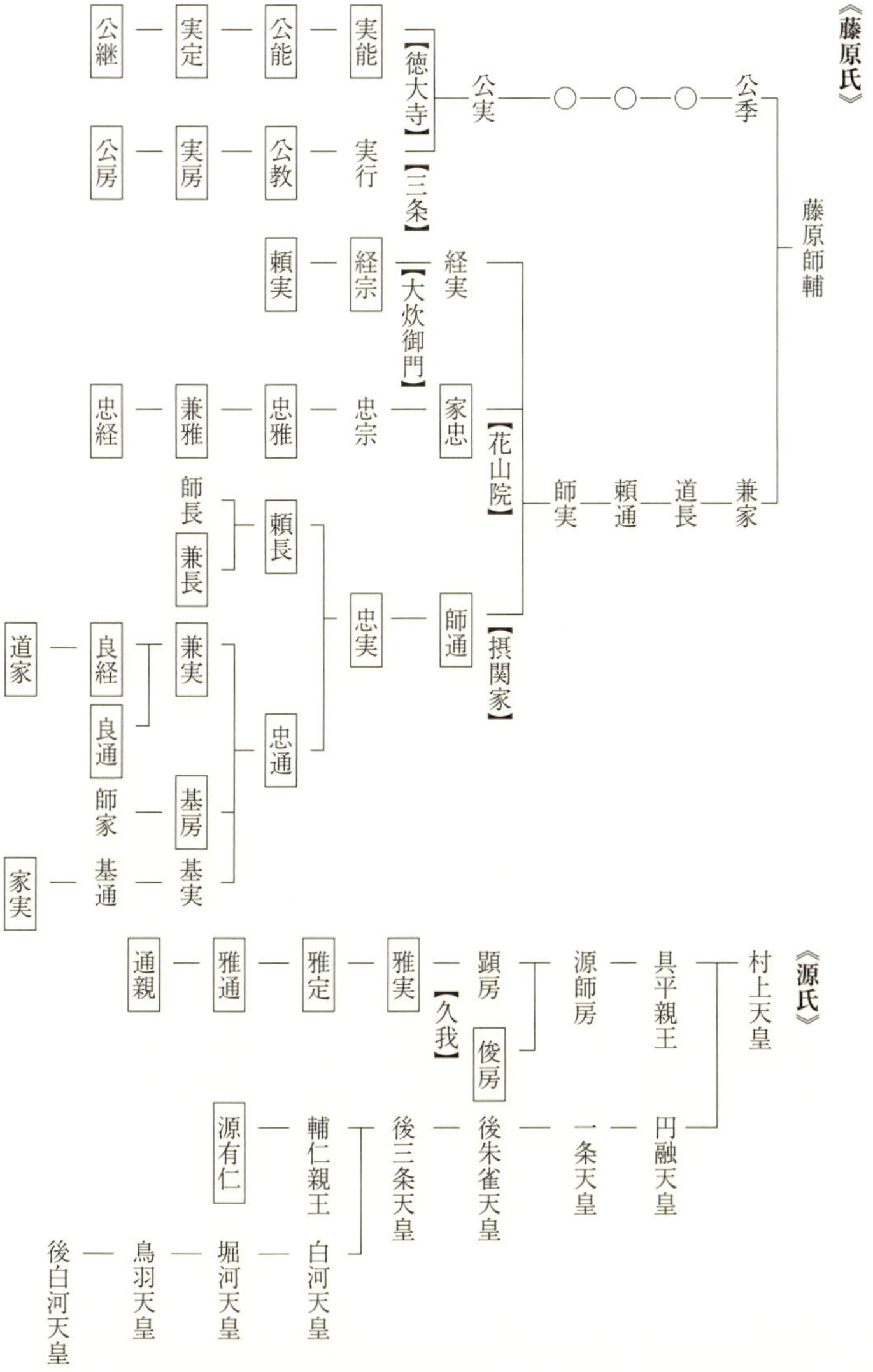

図16 「院政期」における近衛大将経験者の系図（人名＝近衛大将経験者）

平治の乱を起こした平信頼が藤原信西を恨んだ理由も近衛大将人事がきっかけだった。

上皇、信西に仰せられけるは、「信頼が大将に望みをかけたるはいかに。必ずしも重代の清華の家にあらざれども、時によつてなさるることもありけるとぞ伝へ聞く」と仰せられ　ければ、信西、心に思ひけるは、「すは、この世は損じぬるは」となげかしく思ひ、申しけるは、「信頼などが大将になり候ひなば誰人か望み申さで候ふべき。君の御政は司召をおいて先とす。叙位・除目に僻事出で来たり候ひぬれば、上天聞に背き、下人の譏り譏りをうけて、世の乱れとなる。その例、漢家・本朝に比類少なからず。

さればにや、阿古丸の大納言宗通卿を、白河院、大将になさんと思し召されしかども、寛治の聖主、御聴しなかりき。故中御門藤中納言家成卿を、旧院、『大納言になさばや』と仰せられしかども、『諸大夫の大納言になる事は絶えて久しく候ふ。中納言に至り候ふだにも罪に候ふものを』と、諸卿諫め申ししかば、思し召し留まりぬ。せめての御志にや、年の始めの勅書の上書に、『中御門新大納言殿へ』とあそばされたりけるを、拝見して、『実の大臣・大将になりたらんよりも、なほ過ぎたる面目かな。御志の程のかたじけなきよ』とて、老いの涙を催しけるとこそ承り候へ。古へは大納言なほ以つて執し思し召し、臣もいるかせにせじとこそ諫め申ししか、況んや、近衛大将をや。三公には列すれども、大将を経ず、臣のみあり。執柄の息、英才の輩も、この職をもって先途とす。信頼などが身をもって、大将を汚さば、いよいよ奢りを極めて、謀逆の臣となり、天のためにほろぼされ候はんことは、いかでか不便に思し召さでは候ふべき」と諫め申しけれども、君は、「実にも」と思し召したる御気色もなし。信西、せめてのことに、大唐、安禄山が奢れる昔を絵に描きて、院へ進らせたりけれども、「実に」と思し召したる御こともなかりけり。

信頼、信西がかやうに纔かに言ひし申し事を伝へ聞きて、出仕もせず、伏見源中納言師仲卿を相語りて、伏見なる所に籠もり居つつ、馬の馳せ引きに身を慣らはし、力業を営み、武芸をぞ稽古しける。これ、しかしながら、信西を失はんがためなり。

上皇が信西に仰せられたのは、「信頼が大将任官を望んでいるがどうしたものか。重代の清華の家に属してはいないが、時によっては任官の例もあると伝え聞くが」とおっしゃったので、信西、まず心中に思ったのは、「ああ、この世は滅んでしまうものを」と嘆かわしく思い、申しあげたには、「信頼風情が大将になれるのでしたら、誰だって自分もなれると思い込み、皆大将任官の望みを言いたてることでしょう。君の御為政にあって、任官の公平がもっとも肝要というものです。叙位や除目に誤りが出来してしまうと、上は天子の御意志に背き、下は人民の譏をうけて世の乱れとなります。

そのような例は漢家、本朝にたくさんあります。だから、阿古丸の大納言宗通卿を白河院が大将にしてやろうとお考えになったにもかかわらず、寛治の聖主はお許しにならなかった。また、故中御門藤中納言家成卿を、旧院が『大納言にしてやりたい』とおっしゃったが、『諸大夫が大納言になることはずっとなかったこと、中納言にまでなったのでさえ罪というものです』と諸卿が諌めたので、旧院も思い留まりました。せめての思いやりなのでしょうか、年の始めの勅書の添え書きに、『中御門新大納言殿へ』と、お書きになってあるのを拝見して、『実の大臣・大将に任官したことより、なおありがたい名誉です。御志の程のありがたきことよ』と家成卿が老いの涙を流したことを聞いております。昔は、大納言任官のごときにまで天皇が後押しを思い立たれても、臣下の者が、任官をゆるがせにしてはならないと諌め申したものですのに、まして、この度は近衛大将とは、三公に列しても大将に任官せず、臣のみという場合もあります。執柄の息、英才の輩もこの官職を以て第一としています。信頼ごとき身が大将に任官するようなことがあれば、これからますます奢りを極めて、謀逆の臣となり、果てには天のために滅ぼされることは必定、どうしてこのことの方がかわいそうなこととお思いつかれぬのでしょう」と諌め申したが、君は、なるほど理のある諫言とお思いになっているふうでもない。信西は、せめての諫言として、太后、安禄山が奢りにふけっている昔のさまを絵に描いて、院の許へ進上させたが、得心がゆかれたふうでもなかった。

信頼は、信西が少しばかり院を諌め申したことを伝え聞いて、その後出仕もせず、伏見の源中納言師仲卿を仲間にして、伏見に籠って、乗馬の馳せ引きの訓練にはげみ、また力業など武芸の稽古をしていた。これはすべて信西を殺さんがためである。

（『平治物語』「上　信頼信西不快の事」新編日本古典文学全集41、小学館、二〇〇二）

二　平重盛の右大将就任

清盛の子重盛・宗盛が左右大将に並ぶのは治承元年（＝安元三〈一一七七〉年）のことであった。だが、そのことに触れる前に、平氏ではじめて大将に就任した重盛の右大将就任の時の様子を先に確認しておきたい。重盛の右大将就任は『公卿補任』によれば承安四〈一一七四〉年七月八日のことであった。それまでの右大将源雅通が病により辞した替わりの人事であった。この時の公卿の構成は表5の如くであり、単純に順番どおりであれば左大将藤原師長の次は大納言源定房ということになる。定房は、源雅兼の四男で源雅定の猶子となっており、のちの「久我」系と言えなくもないのだが、「詩歌能書」（『公卿補任』保元二年条）の人だったらしく仁安元〈一一六六〉年に権大納言となり、三年に大納言に転じてから、文治四〈一一八八〉年に「飲水之上腫物所労」によって出家するまでほぼ二十年間そのままの地位であった人物なので、政界の序列から外れていた人物なのであろう。実質的には平重盛が次の順位ということになる。

この時の経緯について九条兼実は、「禅門の心、重盛に有り。仍って任ずる所と云々。将軍は顕要なり。古来、その人を選び補し来るなり。今、重盛卿当時に於ては当仁と謂ふべし」（『玉葉』承安四〈一一七四〉年七月九日条）と記している。このとき、次の右大将の候補は権大納言平重盛と権中納言藤原兼雅であったという。表5で示したように藤原兼雅は中納言内部でも六番目の順位、重盛との間には九人の

表5　承安四年の公卿（部分）

公　　卿		父の極官	周囲の大将経験者	備　考（家）
大納言	藤原師長	頼長＝左大臣	現在本人左大将	（摂）
	源　定房	雅定＝右大臣		久？
権大納言	平　重盛	清盛＝太政大臣		
	藤原公保	実能＝左大臣	父実能・兄公能	（徳）
	藤原隆季	家成＝中納言		
	藤原実房	公教＝内大臣	養祖父実能・父公教	文治二年右大将（三）
	藤原実国	公教＝内大臣	養祖父実能・父公教	（三）
	藤原邦綱	盛国＝右馬権助		
	藤原成親	家成＝中納言		
	藤原宗家	宗能＝大納言		
	源　資賢	有賢＝宮内卿		
	平　宗盛	清盛＝太政大臣		
	藤原兼雅	忠雅＝大納言	曾祖父家忠・父忠雅	文治四年右大将（花）

摂＝摂関家　三＝三条家　久＝久我家　花＝花山院家　徳＝徳大寺家

上席者がいる。藤原兼雅の九人の上席者には大将の適格者がいなかったのであろうか。その全員について父の極官と、その周囲に大将経験者がいるかどうかなどを『公卿補任』と『尊卑分脈』で調べてみると、表5のような結果であった。

これらの人々のなかでは徳大寺家・三条家・花山院家の出身者（このほか摂関家の人物もいれば当然候補となりうる）がその資格をもっていたといえよう。この承安四年段階においては、家の格からいえば藤原公保・実房・実国あたりが右大将候補としてまず考慮されるべきである。公保・実国は傍流なのではずされる可能性がないわけではないが、三条家の嫡流である実房はのちに右大将になっており無視できない。しかし、それをさしおいて兼雅が右大将の候補とされたのは、徳大寺家に関わる人々が六条天皇の外戚的関係にあったため、高倉天皇即位後の政治情勢のなかで冷遇されていたことと関係があるかもしれない（三条家については、実房の父公教が叔父にあたる実能の猶子として大将の地位を譲られており、このことによって同等の処遇を受けていたのかもしれない）。

この兼雅以上に異例なのが平重盛である。いくら上席とはいえ大将未経験の平氏から右大将を選ぶのは、当時の貴族社会の通例からは非常に異例なことなのである。しかし、ここで注意したいのはその異例なはずの平重盛の右大将就任に対して『玉葉』の記主兼実が、その通例破壊を「ああ悲しきかな」と嘆きながらも、「将軍は顕要なり。古来其人を撰い補し来るところなり。今重盛卿当時において尤も当仁といふべし」とその適格性を逆に認めていることである。もちろん、この人事の背後には「禅門の心、重盛に有り」という清盛の意向が働いていたことは重々承知のうえで、にもかかわらず「今重盛卿当時において尤も当仁といふべし」と理にかなっていることを認めている。皮肉をこめた表現と穿ってとれなくはないが、そうだとしても現時点では適格者だと認めていることに違いは無い。もちろん家の格としては平氏は大将未経験ではあるが、清盛が太政大臣まで進んでいることを考慮すれば家格的にも言い訳がつかないわけでもない。むしろ、大将本来の職務にたちかえれば平氏こそがふさわしいといえなくもない。これらのことから兼実は、嘆きながらも納得したのであろう。『玉葉』のその他の記事の後白河院や平氏に対する批判的な記述の仕方とこの部分の記述を比較してみると明確に異なっており、兼実をはじめとする当時の貴族は平重盛の右大将就任を、我々が想像するほどには「平氏の専横」とは考えていなかったことがわかる。

なお、この時の「禅門の心」（何らかの清盛の意向と院へのはたらきかけがあったであろうことは当然認めた上で）を必要以上に拡大解釈して、平氏が人事権を掌握していたというのは、後述するように正しくないので誤解のないよう注意しておきたい。

三　平宗盛の右大将就任

先に示したように『平家物語』が再三平氏の専横として描く平重盛の左大将転任、宗盛の右大将就任についてみてみよう。重盛の左大将就任は右大将から転じたものであり、ここでは問題にされていない。問題は宗盛が右大将に任命され、その結果、平氏の兄弟が左右の大将に並び立ったことである。

『公卿補任』によればそれは安元三〈一一七七〉年正月廿五日のことであり、『玉葉』の記主兼実のもとに情報がもたらされたのはその翌日のことであった。多くの要素からなる除目聞書のなかで兼実の目をひいたのは「聞書を見る。権大納言邦綱、左大将重盛、右大将宗盛、この外はなはだ多しといえども、具に注するあたはず」とあるように藤原邦綱の権大納言就任と今回の左右大将の問題であった。本稿の関心とは違うので詳しくは触れないが、たしかに藤原邦綱は、その出自からいって破格の出世である。そして、もうひとつの重盛・宗盛兄弟による左右大将就任もたしかに目をひくものであったと思われる。十一世紀以降、兄弟で左右大将に並んだのは、藤原教通・頼宗（寛徳二〈一〇四五〉年～康平五〈一〇六二〉年）と藤原基房・兼実（永暦二〈一一六〇〉年～永万二〈一一六五〉年）の二例しかなく、そのどちらもいわゆる摂関家の子弟によるものだったからである。このことは、先に述べた重盛単独の右大将就任とは比較

表6　中納言以下で任命された大将

名	年齢		位	官職	補任年	その時点での父の地位
藤原教通	22	左大将	正二位	権中納言	寛仁元	摂政
藤原師通	16	左大将	正三位	参議	承保四	関白・左大臣
藤原忠実	17	左大将	従二位	権中納言	寛治八	関白・左大臣
藤原兼長	17	右大将	正二位	権中納言	仁平四	左大臣
藤原公能	42	右大将	正二位	中納言	保元元	内大臣
藤原兼実	13	右大将	従二位	権中納言	永暦二	前関白・太政大臣
平　宗盛	31	右大将	従二位	権中納言	安元三	前太政大臣
藤原良通	13	右大将	従二位	権中納言	治承三	右大臣
藤原家実	20	左大将	従二位	権中納言	建久九	関白
藤原道家	15	左大将	正二位	中納言	建永二	前摂政（故人）

にならないほど、大きな意味をもつものであった。

また、兄弟並立以外にも摂関家と同列を意味する要素を示しておこう。宗盛は右大将に任命されたときには権中納言であった。通常は大将の地位は大納言以上が兼ねる。中納言以下で大将に任命されたのは、表6に示したとおり、藤原公能と宗盛を除けばすべて摂関家の子弟であり、年令もほとんど二十歳以前である。公能の場合は、父実能が保元元年に六一歳で左大臣になるまで長きの間、大納言・内大臣として自ら大将の地位についていたために生じた遅れといえよう。宗盛の場合は、父が前太政大臣ということで無理やり理屈をつけられなくもないが、いずれにしても摂関家と同等のかなり異例な待遇であったことがわかる。

すなわち、摂関家ですらこの二世紀ほどの間に二例しかない兄弟による左右大将並立を平氏の兄弟が実現したということは、そして中納言で大将を兼ねるということは、とりもなおさず、この点においては摂関家と同格に扱われることを意味した。だからこそ、『平家物語』は、平重盛の大将補任のことではなく、この宗盛の大将任命の時点を示して「此比の叙位除目は平家の心のままにて公卿院中の御計までも無し、摂政関白の成敗にても無りけれは」と、平氏の専横を描くのである。もしこれが平氏の主導、もしくは圧力によって行なわれた人事であるならば、『平家物語』が説くような平氏による専横ということになるのだが、はたして事実はどうであったのだろうか。一連の人事の端緒はまず内大臣左大将藤原師長の太政大臣昇進であった。太政大臣に師長が昇進すれば、内大臣と左大将という二つの要職のポストが空くことになるからである。

『玉葉』安元三〈一一七七〉年正月廿三日条には次のように記されている。

頭右中将光能朝臣、院の御使として来る、（略）ひそかに勅命を伝へて云く、内大臣を太政大臣に任ぜしめんとす。左大臣においては太政大臣を永く所望にあらざるの由、人申さしむなり。汝思うところ如何。さだめて愁ふる所無きか、所以何となれば、太相国に任ぜしむるの人は、朝庭に仕へず期す所無きがごとし。随ひて、また内府いささか申す旨有り。朕また思ふ所有り。よって汝、この事を愁ふべからず。しかれども無音に超越せば一旦あやしみを成すか。ゆえに先ず触れ仰さる所なり。且は計り申さしむるに随ひ左右あるべし」てへり。日来、内府の申状、天下に風聞す。その趣、臣永く執政の思を断つ。ゆえにこの職を望むと云々。これすなはち、先例太政大臣を拝するの後、摂籙の人無きの故なり。今、朕思ふ所有る由、もしくはこの事を仰すか。超越の愁を慰めんがため、この仰有り。事軽々に似たり。この事に至りては、余、敢て申す事無し。

余、申さしめて云く、

「かねて尋ね仰せらるの至、畏り申すこと少からず、計り申さしむる事においては、さらに可否を申しがたし。左右、御定に在るべし」てへり。

光能、内々に語りて云く、

「丞相・将軍両事御要有る故、この沙汰、出来するか。帰参し、この御返事を申すの後、左府第に向かふべし」と云々、

以下、意味をとっておこう。院近臣として著名な蔵人頭藤原光能がやってきて「竊《ひそ》かに」勅命を伝えた。

内大臣藤原師長を太政大臣に任じようと思う。（内大臣より上席にあたる左大臣藤原経宗と右大臣藤原兼実〈あなた〉についてだが）左大臣藤原経宗は太政大臣の地位は永久に望まないという意向を伝えてきているので、今回のことを不満には思わないであろう。なぜなら太政大臣に任じられる人は実質的な政務から離れ、これ以上の昇進を期することがないからである。内大臣師長ともこのことについていささか話もしており、私も考えるところがある。よってあなたは（今回の太政大臣人事で、右大臣であるにもかかわらず内大臣に先を越されることについて）おそらく不満はもたないであろう。とはいえ、私の方から何の説明もないまま人事を進めては、不安に思うことがあるかもしれないので、まず先にこうして事情を説明しておくのである。意見があれば考慮するので述べなさい。

日頃、内大臣藤原師長の意向は天下の風聞として聞こえてきている。その趣旨は「私は政権を握ろうなどということは永久に考えてはいない。だからこそこの太政大臣の職を望むのである」というもので

る。これは先例では太政大臣に就任した後で摂関の地位についたものがいないということによるのである。上皇が思うところがあるというのはこのことなのであろうか、先を越される不満を抑えるためにこのことを持ち出したのだろうか。どうであれ、このことについては私の方から申し上げることはないという感想を書き付けている。そして院に対して、前もってこのような説明をいただき畏みいります。私にはこのようなことについて意見を申し上げるようなことはございません。院の仰にしたがいますと答えた。この後、使者の光能が「内々」に洩らしたところによると、大臣と大将の二つの地位が必要になったため、今回の人事が行なわれるのです。院に帰って右大臣の返事を伝えた後、左大臣のもとへも説明にまいります。ということであった。

『玉葉』安元三年正月廿三日条の一連の記述によって、後白河上皇が「丞相・将軍」の二つの地位を必要としていたことがわかる。師長の太政大臣就任はそのため必要な措置であって主たる目的ではなかったのである。藤原光能は上皇の側近であるのでこの情報はまず信じてよいであろう。つまり、この人事は後白河上皇の意図によるものであったのである。

そのことをさらに示すのは、『玉葉』安元三年正月廿五日条の記事である。

> 去る夜、俄に内大臣、大将の辞状件の辞状、内蔵権頭敦任これを作る。即ちまた清書も相兼ねると云々。その状、筆削の体はなはだ恥有り。儒中、これを嘲ると云々をたてまつる。その使、本所用意無し。よって院より左近少将源有房朝臣を催し遣わさると云々。日の出の後、参内すと云々。右大将を任ぜんために、卒爾、辞状を献ずべきの由を仰せ下さる。よってはなはだ以て周

章と云々。内府、太相に昇るべきの由、この両三年謳歌す。すべからくは除目以前に任大臣を行われ、若しくは大将辞状を献ずるの後、心閑かに次第の昇進有るか。世間の作法、事ごとかくの如し。

ここも意味をとっておこう。昨夜、内大臣師長が左大将辞任の辞表を提出した（その辞表は内蔵権頭敦任が作り、すぐ清書したものであった。その辞表は非常にみっともないもので儒者たちのもの笑いの種になったということだ）。辞表を提出する使いの準備も師長はしていなかったので、院が少将源有房を召し遣わし、日の出の後になって参内したということだ。右大将を任じようとしたために、急に辞表を提出するように命令があった。このため、大急ぎであわてて処理が行なわれたのだということだ。内大臣が太政大臣昇進を望んでいるということはもう二、三年も前からいわれていることなのだから、除目を行う以前に太政大臣としての「任大臣」の儀を済ましておくか、大将の辞表を提出させたあと、落ち着いた状態で太政大臣への昇進が行なわれるべきである。いつもはこのように行なわれている。以前から太政大臣を希望していた内大臣師長であるにもかかわらず（つまり準備の期間は十分にあったにもかかわらず）、「筆削体」もいい加減なまま急いで辞表を提出させた理由は、右大将＝平宗盛の人事の必要があったからなのであった。もちろん必要としたのは後白河上皇で、そのことは辞表提出の使の準備があまりに急で師長・近衛府の側では整わなかったため、左近少将源有房が「院より催し遣はさ」れたことでもわかる。

またこの人事が院主導で行なわれたことを示す史料はほかにもある。平宗盛の右大将拝賀の記事であ

る。『玉葉』安元三年二月三日条には、

> 右大将宗盛、拝賀すと云々。院、南殿に渡御す。拝賀の礼儀に備えんがためなり。北殿はその憚り有るべしと云々。将軍の前駆、殿上人親昵輩十人、蔵人五位六人院より殊に催し遣はさる。関白の許に祗候する人々、釣り出さると云々、六位二人、扈従の公卿三位中将知盛一人。番長中臣近武本は院に候ずる府生なり。今は番長に下さると云々、見物の者ら語る所なり。

とある。ここでは蔵人五位六人が「院より殊に催し遣はさる」という部分と扈従の番長の中臣近武についての「本は院に候ずる府生」に注目したい。やはり、ここでも拝賀の人員を院が差配しているのである。また、扈従公卿も「三位中将知盛一人」、殿上人も「親昵輩十人」であったというが、これを兄の重盛の右大将拝賀のときと比較してみよう。平重盛の右大将拝賀は『玉葉』によれば承安四〈一一七四〉年七月廿一日に行なわれたが、「邦綱卿以下公卿十人、雲客廿七人扈従」であったという。公卿の数は一人と十人、殿上人の数も十人と二十七人とずいぶん差がある。もちろん平氏の嫡男と次男の違いも考慮しなくてはならないが、宗盛の場合は摂関家でもあまり例の無い兄弟による大将並立の実現であるにもかかわらず、この簡素さは何によるものであろうか。これが平氏の主導によるものであったり、平氏の積極的な働き掛けによるものであったならば、もっと綿密に準備され盛大に行なわれたのではないだろうか。なにしろ、先に述べたように摂関家ですら数例しかない兄弟による左右大将の並立なのだから。

ここで見えてくるのは、やはり院の存在である。すなわち、藤原師長の辞表提出の少将を手配し、新任の右大将宗盛の拝賀の蔵人を手配したのも後白河上皇である。宗盛が右大将に選ばれた理由を、五味文彦氏は「宗盛が建春門院の猶子だったことによる」とされている（前掲『平清盛』）。もちろん、平氏からの働きかけも当然あったとは思われるが、この一連の人事は後白河上皇の意図によるものとみるべきであろう。つまり『平家物語』の「此比の叙位除目は平家の心のま、にて公家院中の御計までも無し、摂政関白の成敗にても無りけれは」という記述はかなり現実とかけ離れたものだったのである。

四　人事権について

『平家物語』の記述とは異なり、治承元年頃の人事権が後白河上皇にあったことを述べてきた。院の人事権に関しては、すでに玉井力氏が「『院政』支配と貴族官人層」（『平安時代の貴族と天皇』）において分析をされている。玉井氏は院政期を細かく時期区分されながら検討されているが、いま問題にしている安元三年＝治承元年は「六条朝から鹿ケ谷事件」までの区分に含められている。そこでは、二条天皇の死後、人事の全権を後白河院が把握していた時期で、平清盛は太政大臣となった仁安二年頃以降摂政とともに院から補任者に関して諮問を受けるなど、いわば権力核の内部に入り込んだ時期であると述べられている。

そこでひとつ気になるのは先に述べた承安四〈一一七四〉年の平重盛の右大将就任のときの『玉葉』の

「禅門之心、重盛に有り」という記述である。これを拠り所として、やはり平氏が一定の人事権を留保していたのではないかという疑いもおこりうるのでそれに関して説明をしておきたい。

　まず、平時忠と検非違使別当をめぐる問題について述べよう。平時忠が三回にわたって検非違使別当に任じられ、かなり厳格な態度でこれに臨んだことはよく知られている。そして、この検非違使庁は平氏政権の京中掌握の基本として理解されている重要官庁である。その別当の地位ともなれば平氏にとってはぜひとも確保しておきたい重要な職ということになる。誰が時忠の三回の別当補任を演出したのであろうか。平氏によるものなのか、後白河上皇だったのか。それを示してくれるのが、『玉葉』安元三〈一一七七〉年正月廿九日条である。この日、『玉葉』の記主九条兼実の後白河院への窓口でもあり情報源でもあった藤原定能が、数日前に行なわれた除目に関するいろいろな情報を持ってあらわれた。その内のひとつに検非違使別当に関するものがあった。

除目の夜、検非違使別当を仰せ下さるの間、その間、違乱の事有りと云々、まず時忠還任の由を仰せられ、次いで忠親に改めらる。件の事、職事もしくは清書上卿などの間、失錯有るか。法皇、任人を一紙宸筆に注し、博睦に献ぜらる。即ち忠親なり。博睦また下知せらるの由了ぬ。しかるにこの違失有り。大略、職事の誤りか。

その故、兼ねて時忠還任の由風聞すと云々。除目の翌日院に祇候する北面検非違使ら、内々の天気により、先ず忠親の許に向かう。しかるに僻事の由を称しこれを追帰す。よって時忠家に向かう。喜悦し、これを謁すと云々。然るの間改定す。

かんたんに意味をとっておくと、次のとおりになる。この時の除目で検非違使の別当が任命されたのだが、それについてちょっとした混乱があったという。まず平時忠が還任される旨の仰があり、ついでそれが藤原忠親に改められた。蔵人頭か清書上卿等が間違えたのであろう。後白河上皇が宸筆で任人を注して関白に渡したのだが、それははじめから忠親であった。関白がその処理を命じた後でこの間違いが起こったということだから、おそらく蔵人頭藤原光能の誤りであろうか。その理由は、以前から時忠が検非違使別当に還任されるという風聞があったからだということらしい。翌日、院の北面に祇候する検非違使たちが「内々天気」によって忠親の許に向かったのだが、何かの間違いだということで忠親は追い帰してしまった。この後、検非違使たちは時忠の家へ向かったところ（時忠は自分が別当に還任されたものと思って）大悦びで迎えた。しかしその後、改定された。

ここでは、検非違使別当の人選は後白河上皇が行ない、それを「宸筆」で関白の許に送っているということを確認しておきたい。このとき世間一般の予想に反して別当に藤原忠親を任じたのが後白河なら、この後、平時忠を前例のない三回目の検非違使別当に任ずるのも後白河その人である。もし「禅門の心」が最優先されるなら、おそらくここは忠親ではなく時忠を任じなくてはならないところであろう。なぜ、このとき時忠がはずされたのか、またそもそも時忠が検非違使に三度も任じられた理由はなにかということについて考えてみなくてはならないが、本稿の課題とは少し離れており、また別の機会に論じようと思う。

また、『吉記』養和元〈一一八一〉年九月廿三日条に次のように記されている。

まず殿下に参る。且つはその召有るの上、院宣を奉わる事有るにより、まず参る所なり。即ち御前に召す。

申して云く、検非違使別当、誰人を任ぜらるべきや。計らしめ給ふべきの由、院宣候ふてへり。仰せて云く、衛府督の中、重代器量を撰び任ぜらるべき事候ふか。その外、加任の人においては、別儀候ふか。その人においては、勅定在るべし、

この時、だれが別当にふさわしいかという院の諮問に対して、摂政は「衛府督の中、重代器量を撰び任ぜらるべき」と、貴族社会の通例にのっとり任命されるように返答している。そのほかの候補については「勅定在るべし」と院の意向によって行なわれるように答えている。基本的には、貴族社会の通例どおり右衛門督あたりから選ぶことになるのだが、上皇の意向による余地も残されている。なお、この時は通例どおり右衛門督の藤原実家が任じられ、結果的には上皇が特別に「勅定」で候補を選定することなく済んだのであるが、ここにも検非違使別当の人事権を上皇が掌握している姿が見える。

また、『玉葉』安元二〈一一七六〉年十二月五日条には次の記事がある。

除目了りぬ。（略）中門廊の辺において、関白、五位蔵人一人その人見及ばずを召して、蔵人頭二人左中将定能朝臣、右中将光能朝臣を仰せ下さる。定能、院の近臣たるを以て、知盛を超越す。入道相国最愛の息子、当時の無双の権勢、また位階の上臈なり。
而るに光能、院の近臣たるを以て、この外を超越す。位階下臈と雖も、通親・頼実ら各禁色を聴され、共に黒白を弁ず。この輩を置きながら、両人を抽賞す。希代と謂うべし。ただし今度の除書の第一の珍事は、左少将顕家なり。これ関白の懇望と云々。今日の院参はこの事に因ると云々。人もって奇となすか。

この日、高倉天皇の二人の蔵人が新たに任命された。それは藤原定能と藤原光能の二人であった。名前がよく似ていて紛らわしいが、この二人は直接の血縁関係にあるわけではない。『玉葉』の記述を、兼実の勘違いや、文字の誤写がないとして解釈すると次のようになる。

藤原定能は院の近臣であるということで知盛をさしおいて蔵人頭に任命された。この平知盛は清盛の「最愛の息子」であり「無双の権勢」をもつ人物で、位も定能よりは「上臈」であった。藤原光能も院の近臣であるということで他の人より先んじたのである。位は彼より下になるが、源通親や藤原頼実など禁色を許され、すぐれた人材がいるにもかかわらず、この二人が選ばれたのは、非常にめずらしいことだ。ただし、それよりも今回の除目でいちばんおかしいのは藤原顕家が左少将になったことだ。これは関白の懇望によるものらしい。関白が今日院へ参上したのはこのことをお願いに行ったのだということだ。人々はみなおかしいと思っている。

先の史料で「禅門の心」と表現されていた平清盛の意志と院の意志との関係を、この二人の蔵人頭の任命記事は示唆しているといえよう。すなわち、清盛の「最愛の息子」で「無双の権勢」をもち、さらに「位階上臈」といったこれ以上ないという好条件を持った平知盛でさえ、「院の近臣」という二人の人物に先を越されてしまったのである。もちろん、それを決定したのが後白河上皇であることは、言うまでもない。さらにこの時の除目において兼実が最も異常な人事としているのは、藤原顕家の少将補任であった。「関白、少納言顕家を愛づ」（『玉葉』安元二（一一七六）年四月十四日条）とあるように、関白藤原基房とこの顕家とは男色関係にあり、そのことを承知している兼実は批判的に記しているのである。ここで注目しておきたいのは男色関係よりも、この顕家の少将補任が「関白懇望」によってなされたものであるということである。

『玉葉』治承元〈一一七七〉年十一月十八日条に、

御所方に参り女房に謁す。女房、密々に語りて云く、

一日の除目、少将三人を四品に叙す事、叡慮甘心せず。関白懇切に申さしむるにより、院より再三申さると云々。今度、始めて主上の御沙汰として、除目行はるべきの由、法皇申さしめ給ふ。主上また以て固辞す。かくの如きの間、暁天に及ぶと云々。

とある。このとき四位に叙せられた少将三人のうちの一人が顕家であったことは、『公卿補任』建仁元〈一二〇一〉年条の顕家の経歴に「(治承元年)十一月十五日従四下閑院に行幸の賞、」とあることからわかる。このときも「叡慮甘心せず」とあるように高倉天皇は気がすすまなかったようであるが、関白基房が「懇切に申さしむ」により、院の意向として「再三」高倉天皇のもとに伝えられたのであった。

さらに、ここには「今度、始めて主上の御沙汰として、除目を行はるべきの由、法皇申さしめ給ふ」とあり、今回の除目からは高倉天皇の主導で除目を行うようにとの後白河上皇の意向が伝えられている。本来は天皇に属するはずの人事権を後白河上皇が掌握していたのだが、高倉天皇の成長や政治状況の変化(この前におきた鹿ケ谷事件の影響があるかもしれない)によって、本来的な姿に戻すことを後白河は考えたのであろう(できればこのまま掌握しておきたかったのかもしれないが)。このときは「主上また以て固辞す」とあるように高倉天皇は固辞したようだが、逆にいえば、少なくとも高倉天皇の即位の仁安三〈一一六八〉年から治承元〈一一七七〉年十一月段階までは、後白河の「沙汰」として除目が行なわれていたことになる。

以上のことから、『平家物語』の記述とは異なり、治承元年の頃、基本的な人事権は上皇が掌握しており、状況に応じて「禅門の心」や「関白懇望」を考慮して人事権を行使していたということがわかる。また、その人事権は、当然のことながら院固有のものではなく、本来は天皇の権限であり、なんらかの事情(強制的に院が奪うという場合も含めて)で院がそれを代行しているという性格のものである。もし、

「禅門の心」の記述があるから、平氏の人事への介入であるなどという評価を与えるとなると、同じことを「関白懇望」についても行わなければならなくなることを付け加えておこう。

五　藤原成親の恨み

以上述べてきた治承元年頃の人事権をめぐる政治状況を踏まえたうえで、『平家物語』の描く藤原成親の大将への意欲について考えてみたい。成親の大将への意欲については先に示した『平家物語』（Ⅱ）の「さて新大納言成親卿被思けるは殿の中将殿徳大寺殿花山院に被超たらは何かせむ、平家の二男に被超ぬるこそ遺恨なれ、いかにもして平家を滅して本望を遂むと思ふ心付きにけるこそおほけなけれ」という記述以外に、もう一箇所記述がある。これを『平家物語』（Ⅲ）として以下に示そう。

（Ⅲ）妙音院入道殿其時者内大臣左大将にて御坐けるに、太政大臣にならせ給はむとて大将を辞申させ給けるを、後徳大寺の大納言実定一の大納言にて御坐けるか、理運に充て可成給之由聞けり、其外花山院の中納言兼雅卿も所望せられけり、殿三位中将師家卿なと申御年の程は無下に少く御坐せとも成給はむすらむと世間には申合ける程に、故中御門中納言家成卿三男新大納言成親卿平に被申けり、院の御気色よかりけれは様々の祈りを始てさりともと被思けり、

（『延慶本　平家物語』一　第一本「十八成親卿八幡賀茂に僧籠事」）

表7　治承元年正月廿三日段階の公卿（必要部分のみ）

		父の極官	周囲の大将経験者	備　考（家）
大納言	源　定房	雅定＝右大臣		（久？）
	平　重盛	清盛＝太政大臣	現在本人大将	
権大納言	藤原隆季	家成＝中納言		
	藤原実房	公教＝内大臣	父公教	文治二年右大将（三）
	藤原成親	家成＝中納言		
	藤原実国	公教＝内大臣	父公教	（三）
中納言	藤原邦綱	盛国＝右馬権助		
	藤原宗家	宗能＝大納言		
権中納言	藤原兼雅	忠雅＝大納言	曾祖父家忠・父忠雅	文治四年右大将（花）
	平　時忠	時信＝兵部権大輔		
	藤原資長	実光＝中納言		
	藤原忠親	忠宗＝中納言	祖父家忠・兄忠雅	（花？）
	藤原成範	通憲＝少納言		
	平　頼盛	忠盛＝刑部卿		
	源　雅綱	雅兼＝中納言		
	藤原実綱	公教＝内大臣	父公教	（三）
〈散位〉				
	藤原実定	公能＝内大臣	祖父実能・父公能	治承元年左大将（徳）
	平　宗盛	清盛＝太政大臣	兄重盛	

久＝久我家　花＝花山院家　三＝三条家　徳＝徳大寺家

まず、『平家物語』（Ⅱ）・（Ⅲ）によれば、このとき大将を望んだ、もしくは可能性があると思われる人物三人があげられている。「徳大寺の大納言」藤原実定、「花山院の中納言」藤原兼雅、「殿三位中将」藤原師家である。

参考までに治承元〈一一七七〉年（＝安元三年）段階の公卿のうち大・中納言について表5と同様に調査をしたものを表7として示しておこう。

このうち藤原実定については、表5・表7で見たように徳大寺家の出であり、家格的には問題はない。ただ、「一の大納言にて御坐ける」とあるが、『公卿補任』によれば永万元（一一六五）年八月十七日に棒大納言を辞しており、この時点では散位の状態で厳密な意味では「一の大納言」ではない。筆頭大納言は源定房である。大納言に還任されるのは、『玉葉』安元三年三月五日条に、

此日、任大臣の事有り。内大臣師長を以て、太政大臣に任じ申す。左大将重盛を以て、内大臣に任ず。前大納言実定を以て、大納言に還任す。

とあるように、平氏兄弟の大将並立と同時期であった。『公卿補任』に「三月五日還任」とある。宗盛の右大将補任は正月のことなので、その時点では実定は「一の大臣」どころか現任公卿ですらない。もっとも、では資格がなかったかというと話は別で、平宗盛も『公卿補任』に「正月廿四日還任、今日兼任右大将」とあるように、その時点では散位の状態であった。手続き的にまず権中納言に還任させてから大将に任命しているので、実定もその手法をとれば大将就任は可能であった。「一の大納言」という『平家物語』の記事がまったく根拠のないものであったのかというと、同じく『公卿補任』の実定の傍書に「位定房上」とあり、位階の面では筆頭大納言の源定房よりも上臈であったわけで、その意味で『平家物語』は「一の大納言」としたのであろうか。しかし、あくまでそれは、散位の状態から大納言に還任された三月以降のことである。それ以降は、位階的にも官職的にも家格的にも問題はなく、だからこそのちに右大将に任命されている。なお、このころ実定をはじめとする徳大寺家の人々（三条家もこれに含めてもよいのかもしれないが）が政治的に疎外されているという見解があることについては先に

のべたとおりである。

藤原兼雅については表5・表7で見たように、花山院家の嫡流であり、家格的には問題はないが上席に藤原実房などがおり、これを超越するには、なんらかの特別な背景が必要になる。また、『公卿補任』の平宗盛の傍書に「位兼雅上」とあり、宗盛が散位の状態から権中納言に還任された段階で、位階の面では兼雅は宗盛よりも下位になる。つまり順序として、宗盛を権中納言に還任する手続きを踏みさえすれば、宗盛が先を越しても異常な事態とはいえない。そして、まさにその手順で行なわれたのである。

藤原師家については、関白基房の子であり家格的には何ら問題はないのだが、この治承元年（＝安元三年）段階では「三位中将」になってはいない。『公卿補任』治承三〈一一七九〉年条によって経歴を見ると、「治承二四廿六童昇殿、今日参内の次に元服を加ふ」とあり、治承元年時点ではたんなる童にすぎない。「三位中将」になるのは治承三年十月七日のことである。どちらにしても、平宗盛の大将任命には関わりようがない。これについては『平家物語』（Ⅲ）のみの記述であり、『平家物語』（Ⅱ）には記述が見えず、事情はわからないが明白な誤りである。

では、問題の藤原成親は候補となりえたのであろうか。この問題については、国文学の立場から美濃部重克氏が「『平家物語』の構成——鹿谷のプロットの発端の時期」で見解を示されている。美濃部氏は『平家物語』諸本（延慶本は除いて論じられている）が嘉応三（＝承安元〈一一七一〉）年の出来事である高倉天皇元服、朝覲行幸、平徳子の入内などの記事につづいて、「其比」藤原成親が大将のポストを所望して神々に祈った末に不信の行為に及び、神々の怒りを買うことになったエピソードが語られ、その時期は「時に」と表現されていることに注目され、「其比」「時に」という曖昧な表現に封じ籠められている時間および成親のエピソードの時期の問題について考察を加えておられる。本論に関わる範囲での美濃部氏の結論は次のように集約できる。

・安元三年正月廿三日の藤原師長の辞任と翌廿四日の重盛転任・宗盛の右大将就任は、「辞任と任命が時を置くことなく行なわれたわけで、その間に『平家物語』に述べるような藤原成親の行為がなされる余地はなかった」。

では、成親のエピソードは成り立ちえないかというとそうではなく、

・藤原師長の昇進のことが話題に上った安元二〈一一七六〉年一一月以前、成親が権大納言に昇任した承安五〈一一七五〉年一一月廿八日以後の出来事で、「後白河院の強引な人事によって、自分がそのポストに就くのも夢ではないと考えて、猟官のためにさまざまな行為をした可能性はありえたわけである」。

表4（130頁）で示したように、白河院政開始以後いわゆる摂関家と清華家以外の家格で近衛の大将に就任できたのは源有仁と平氏しかいない。平重盛が右大将になった承安四〈一一七四〉年以前に限れば源有仁だけが例外である。先に述べたように源有仁は後三条天皇の孫一世源氏であり、これを成親と同列には扱えない。あの清盛でさえ近衛の大将にはなっていない。重盛・宗盛がなりえたのは父清盛が太政大臣であったという事実とそれに基づいた後白河院の意向としか考えられないのである。

いうまでもなく、成親は、図17に示したように藤原氏でも傍流の末茂流で白河院政下、「白川院御乳父」、院近臣として勢力をふるった六条顕季の曽孫にあたる。顕季以後も、家保、家成と代々そのときの院との関係の深い家である。しかし、一族に大将に任命された人物はいない。近衛大将になるには表4で示したように摂関家か清華家の子弟に限られており、成親のようないわゆる諸大夫家にはおよびもつかない地位であった。

成親の家の格を知る手がかりとして、兄家明についての『台記』の記事を紹介しておこう。康治三〈一一四四〉年二月八日条に、

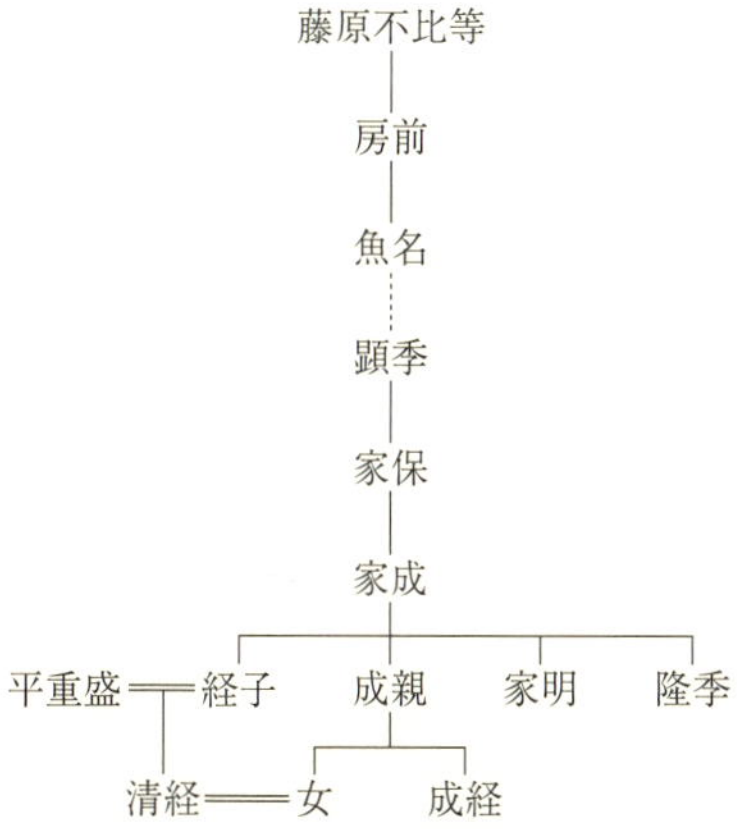

図17　藤原成親関係系図

> 人伝に云く、夜前、少将家明、清水橋下において、騎馬の武士に逢い闘乱す。家明の所従、或は殺され或は傷を被る。件の武士、誰人か知らずと云々。今案ずるに、家明、諸大夫たるに少将に任ずるは、追前・僭上の甚しきなり。天神これを悪むか。

とある。これによれば、藤原家明は清水橋において騎馬の武士と遭遇し、そのときの騒ぎによって所従が殺されたり傷つけられた。『台記』の記主藤原頼長は、家明は諸大夫

の家格であるにもかかわらず少将に任じられた、これは「追前、僭上の甚しき」ものであり、今回の事件も「天神」がこれを憎んだ結果であろう、と感想を記している。『公卿補任』応保二〈一一六二〉年条によれば、家明は永治元〈一一四一〉年十二月二日に十四歳で左近衛少将を兼ね、保元二〈一一五七〉年四月廿四日に少将の地位を去っている。この事件は彼が当時十七歳、左少将になってから三年後の出来事であった。

当時の貴族の感覚からすれば、「諸大夫」の家格である成親の一族は近衛の少将に任じられることすら「僭上の甚」とうけとられたのであり、近衛の大将などとはとんでもない話であったのである。家格の上では平重盛・宗盛兄弟も同じようなものだが、清盛が太政大臣にまで昇ったのに対し、成親の父家成は中納言どまりであり、君臣最高の官である太政大臣のもつ意味はやはり大きい。また、成親の兄隆季が上席の権大納言におり、成親の母（中納言藤原経忠女）の方が隆季の母（加賀守高階宗章女、家明も同母）よりも格が上だとはいえ、現に上席にいる兄を超越するためにはやはりそれなりのいろいろな措置が必要であろう。

どの官職を望むかはまったく本人の勝手だが、当時の貴族社会のどの要素をとってみても、成親が大将になる条件は見当らない。後白河上皇の人事への強引な介入が残された唯一の手段であるが、それは平清盛と同格かそれ以上の扱いを後白河上皇に期待することになる。受領などの地位ならともかく、貴族社会に形成されつつあった秩序を破壊してまで後白河上皇が成親を大将に据えなくてはならない積極的な理由はない。人選の問題ならともかく、近衛大将にまつわる秩序破壊にまで院の恣意が押し通せたかははなはだ疑問である。

少将の地位につくことさえ「僭上の甚」と評された「諸大夫」家の出身の成親が大将になる可能性について、美濃部氏は「後白河院の強引な人事によって、自分がそのポストに就くのも夢ではないと考えて、猟官のためにさまざまな行為をした可能性はありえた」といわれた。たしかにその可能性は皆無とは言わない（つまり平氏の例もあるので）が、ほとんど不可能に近いものであった。だからこそ神仏にすがるのだという見解もあるだろうが、それはまさに神頼みのレベルであり、現実的ではない。

以上見てきたように、『平家物語』が宗盛以外に大将の候補にあげる人物たちは、当時の貴族社会の通常の慣例では候補者にはなりにくい人物であった。また「新大納言成親卿被思けるは殿の中将殿徳大寺殿花山院に被超たらは何かせむ、平家の二男に被超ぬるこそ遺恨なれ、いかにもして平家を滅して本望を遂む」と、このことによって藤原成親が平氏打倒を決意したと『平家物語』（Ⅱ）が描くのは、事実ではなく文学の虚構である。たしかに、成親が西光とともに事件の中心的立場にいたであろうことは、『玉葉』安元三年六月一日条の「人伝に云く、今暁、入道相国八条亭に坐す。師光法師を召取る（略）、また今旦成親卿を招き寄せ、同じく以て禁錮す」という記述や『愚昧記』同日条の「早旦衆人相国入道西光を搦め取ると謳歌す云々。また云く、成親卿同じく八条に籠め置くと云々。この間、衆説区分し信を取り難きか。また云く捕取の儀に非ず。ただ示すべき事有り。ただ今、来るべきの由示し遣すの処、易く行向ふ。よって捕取し了ぬ。成親卿また同前と云々」などとあることより確認できるが、その背景に人事の恨みが有るとの記述はない。

第五章　安元白山事件

一　物語の描く事件

平氏打倒の最初の企てとして『平家物語』に描かれる鹿ヶ谷事件については、物語そのままが史実かどうか疑わしいといわれるようになってきている。このとき藤原成親や俊寛とともに捕縛され処罰された院の近臣に西光がいる。その西光の息子たちが一方の当事者となって安元年間に加賀国で起こったのが白山事件であり、それが叡山大衆の強訴、源平武士の防禦、後白河院による天台座主明雲の処分などに発展し、さらに鹿ヶ谷事件へと波及していくのである。いわば安元白山事件は平家打倒の最初の火花である鹿ヶ谷事件の導火線ともいうべき、物語の展開上重要な事件である。

後白河院の近臣である西光の息子藤原師高が安元元〈一一七五〉年に加賀守になり、その弟師経が目代（京都に留まる国司に替わり現地に向かい政務を代行する代官）として加賀国に派遣された。その師経が加賀国で起こしたある事件について『平家物語』屋代本は以下のように記す。

A　同（＊安元）二年夏の比、国司師高が弟、近藤判官師経、加賀の目代に補せらる。目代下着の始、

図18　明星大学図書館所蔵「平家物語」絵本巻一「鵜川合戦」

国府のへんに鵜河と云山寺あり。寺僧どもが境節湯をわかひてあびけるを、乱入しておいあげ、わが身あび、雑人どもおろし、馬あらはせな(ン)どしけり。寺僧いかりをなして、「昔より、此所は国方の者入部する事なし。すみやかに先例にまかせて、入部の押妨をとゞめよ」とぞ申ける。「先々の目代は不覚でこそいやしまれたれ。当目代は其儀あるまじ。只法に任よ」と云ほどこそありけれ、寺僧どもは国がたの者を追出せむとす、国がたの者どもは次をも(ッ)て乱入せむとす、うちあひはりあひしけるほどに、目代師経が秘蔵しける馬の足をぞうちおりける。其後は互に弓箭兵仗を帯して、射あひきりあひ数剋たゝかふ。目代かなはじとや思けん、夜に入て引退く。

安元二年夏の頃、国司師高の弟、近藤判官師経が、加賀の目代に任命された。目代として下向した最初に、国府の周辺にある鵜河という山寺で、寺僧たちが、ちょうど湯を沸かして浴びていたのを、乱入して追い払い、自分が浴び、雑人どもを（馬から）下して、馬を洗わせなどした。寺僧は怒って。「昔からこの場所は、国府の者が入ることはない。速やかに先例に従って、侵入の乱暴を止めよ」と申した。

「今までの目代は、臆病だから舐められた。今度の目代はそうではない。ただ、法に従え」と言う有様であった。寺の僧たちは、国府の者を追い出そうとする。国府の者たちは、好機とばかりに乱入しようとする。打ち合い、殴り合いしているうちに、目代師経が秘蔵していた馬の足を打ち折った。その後は、互いに武器を持って、射あい、斬りあい、数時間戦う。目代は、かなわないと思ったのだろうか、夜になって退却した。

現代語訳からわかるように、国司の目代が「鵜河」寺（＝湧泉寺*）の域内で、寺僧と対立し紛争を起こしたという事件である。『平家物語』諸本によって、事件の顛末は微妙に異なっていて、経過描写も一様ではない。次に示すのは、諸本の中でももっとも詳しく、出来事の時系列の矛盾が少ない『源平盛衰記』（以下『盛衰記』と略す）の記述である。

なお、『盛衰記』は「平家物語諸本のうち、最大規模の本」、「諸本の集大成版」であるとされている。成立の年代は不明であるが、最近注目されている長門切の存在などを考慮に入れると「一三世紀後半の平家物語成立後、一四世紀前半にかけて、読み本系諸本の本文は離合を繰り返し、語り本系本文との交流・混融も繰り返されたと想像される。盛衰記の祖本もその渦中にあった」とされている（「源平盛衰記解説」（『源平盛衰記年表』））。

B　目代師経在国ノ間、白山中宮ノ末寺ニ涌泉寺ト云寺アリ。国司ノ庁ヨリ程近キ所也。彼山寺ノ湯屋《ゆや》ニテ、目代ガ舎人、馬ノ湯洗《ゆあらひ》シケリ。僧徒等《ら》制止シテ、「当山創草ヨリ以来《このかた》、イマダ此所《このところ》ニテ牛馬《ぎうば》ノ湯洗無㆓先例㆒」ト云ケレドモ、「国ハ国司ノ御進止ナリ。誰人カ可㆑奉㆑背㆓御目代㆒」トテ、在俗不当ノ輩《ともがら》、散々ノ悪口ニ及テ更ニ承引セザリケレバ、狼藉也トテ涌泉寺ノ衆徒蜂起シテ、目代ガ馬ノ尾ヲ切《きり》、足打折《うちをり》、舎人ガソクビヲ突《つき》、寺内ノ外《ほか》へ追出ス。此由角《かく》ト馳告ケレバ、目代師経大ニ憤テ、在庁国人等ヲ駈催《かりもよほ》シテ、数百人ノ勢ヲ引卒シテ、彼寺ニ押寄テ不日ニ坊舎ヲ焼払《やきはらふ》。

大意は次のようである。加賀国白山中宮の末寺である湧泉寺の湯屋で目代舎人が馬を洗ったが、ここでは牛馬は洗わないという寺僧の制止を聞かなかったために、馬の足などを折られて追い出されてしまった。目代師経はこれを聴き怒り、在庁の国人など数百人で押し寄せて寺の坊舎を焼き払ってしまった。

先に掲げた『平家物語』屋代本（A）とこの『盛衰記』（B）の記述にはいくつかの違いがあるのにお気づきだろうか？　まず、中心人物である目代の師経が（A）では湯屋の現場に居て「先々の目代は不覚でこそいやしまれたれ。當目代は其儀あるまじ。」などと強気の発言をしているが、（B）では湯屋の事件現場に居たのはあくまで目代の従者である舎人であって、目代は「此由角と馳告」げられて憤り、数百人の部下を引き連れてやってきたと書かれている。もう一つの違いは、結末の付け方で（A）は「目代かなはじとや思けん、夜に入て引退く。」とあって目代は寺院側の抵抗に遭い退却したことになっているが、（B）では寺院に攻め込んだ師経が寺院の坊舎を焼き払ったという事実のみの記述で書き留められている。

じつは一口に『平家物語』といっても、事件の詳細な部分の描写は諸本によって大きく異なっている。（A）では、その思い上がった暴言で目代師経の悪人性が強調され、その悪人が寺院側の反撃によって「かなはじ」と退却する懲悪的な描写になっている。一方（B）では、事件はあくまで国衙機構末端と寺院勢力末端の衝突的に描かれ、目代師経はその処理のために登場してくるのである。（A）の方に、寺院勢力に対する目代師経の「悪」を強調しようとする意図が読み取れる。

＊湧泉寺

この事件の発端となった「湧泉寺」についての詳細は不明である。現在小松市遊泉寺町に浄土真宗寺院の湧泉寺が有るが、別のものである。一九五三年の調査で「山吹双鳥鏡」に類似し「文様や形などから平安時代後期～鎌倉時代前期のものと考えられる」和鏡が出土しており、湧泉寺に関する遺構が期待され、近年、発掘調査が行われた宮の奥経塚遺跡からは、「土師器、瓦質土器、鉄製品、碁石、五輪塔の空風輪などは出土したが、経筒や湧泉寺に直接繋がる遺構は発見されなかった（石川県埋蔵文化財センター「小松市宮の奥経塚発掘調査現地説明会資料」二〇一一年）。しかし、近隣には温泉施設があり、当時も温泉

表8　神輿振に関する『平家物語』諸本の比較

	四部本	闘諍録	延慶本	長門本	盛衰記	南都本	屋代本	覚一本	中院本
a 国府襲撃	安元三年 8月一日	安元三年 8月13日	安元二年 8月	安元二年 8月	安元二年 7月1日	安元二年 7月9日	安元二年 7月9日	安元二年 7月9日	安元二年 7月9日
b 神輿 鵜川出立			安元三年 2月5日	安元二年 8月5日	安元三年 1月30日	日付記載 無し	日付記載 無し	日付記載 無し	日付記載 無し
c 神輿 金剣宮到着			安元三年 2月6日	安元二年 8月6日	安元三年 2月6日				
d 留守所より 牒状			安元三年 2月9日	安元三年 2月9日	安元三年 2月9日				
e 叡山より 牒状					安元三年 2月				
f 白山衆徒、 叡山に牒状			安元三年 3月20日	安元三年 3月20日	安元三年 3月20日				
g 神輿、 叡山到着			安元三年 3月20日 以降	安元三年 3月20日 以降	安元三年 3月14日	安元二年 8月12日	安元二年 8月12日	安元二年 8月12日	安元二年 8月11日
h 神輿振	安元三年 4月13日	治承元年 4月13日	治承元年 4月13日	治承元年 4月13日	治承元年 4月13日	安元三年 4月13日	安元三年 4月13日	安元三年 4月13日	安元三年 4月13日

が湧出し「湯屋」が設置されていたことは十分考えられる。旧国府村の『国府村史』（一九五二）の一四頁には「その泉あとが今残っている」として「湧泉寺趾　霊泉趾」の写真が掲載されている。地元で言い伝えられていた「霊泉趾」が、事件に関わるものかどうか確証は無いが、考慮すべき伝承である。小松市埋蔵文化財センターによると、現在「霊泉趾」の所在はもちろん、その写真の所在も不明になっているとのことである。

このあと、寺院側は周辺の寺院や白山神社を巻き込んで国庁へ報復攻撃を行う。これに恐れをなした目代師経は京都に逃げ帰ってしまった。そこで白山大衆等は京に上って本山に訴えて、師高・師経を処罰してもらおうと、寺官を比叡山に派遣する。ところが本山では「白山宮が被害を受けたのならともかく、その末寺のことは受け付けない」としたため、寺官らは十一月に加賀に戻った。再度願い出ようと寺官を再び上京させ、比叡山各所に訴えたが相手にされないまま年を越し、安元三年にいたる。この状況の連絡を受けた加賀の白山側はこのままでは埒があかないと、佐羅の早松社の神輿を振り上げての上訴を決意し、比叡山に向かうのである。このあとも、『盛衰記』には、引き留めるための加賀

図19　佐羅早松社

図20　仏が原金剣宮（現白山神社）

国留守所牒、制止するための延暦寺牒、それに対する白山請文などが引用され、三月十四日に比叡山に到着することになる。

この経過は諸本によって異なるので表8を参照願いたいが、最も詳しく時系列も整っているのは『盛衰記』である（表8）。

表からもわかるように、この事件の経過を詳細に記すのは、『平家物語』諸本のうち、延慶本、長門本、盛衰記の三本である。どの本が史実と近いのであろうか、次は当時の貴族の日記を使って史実性を見ていくことにする。

二　貴族「日記」に記録された事件

事件の推移を古記録などの史料をもとに時系列でまとめたものが、表9である。まず、この表に依って、物語を一切排除して記録などのいわゆる「史料」のみによって事件

表9　「史料」による白山事件・安元強訴

年・月・日	事項	典拠	NO
安元2／―／―	目代師経が白山領を焼き払う	『玉』安元3／3／21	①
安元3／3／21	山門大衆が下向するとの情報あり	同上	②
	(防禦のため) 武士の派遣決定	『百』安元3／3／21	③
この間	しばらく「無音」	『玉』安元3／3／23	④
同／3／28	目代師経を備後国に配流決定	『百』安元3／3／28	⑤
(晦日)	同上	『玉』安元3／4／02	⑥
同／4／13	山門大衆、日吉・祇園・京極寺・白山神輿を舁き閑院皇居に群参	『座』・『顕』・『百』安元3／4／13	⑦
	警護の武士、神輿・神人等を射る	『玉』安元3／4／14	⑧
同／4／14	院にて対策を議定	『玉』安元3／4／14・18	⑨
	(国守師高配流決定、座主へ内々連絡)	『玉』安元3／4／15・16	⑩
	師高配流を座主に伝える院宣	『玉』安元3／4／16	⑪
	大宮聖真子三宮の神輿、中堂に振上	『座』	⑫
同／4／16	座主宛山門鎮静化を求める院御教書	『玉』安元3／4／17	⑬
同／4／17	師高流罪・神輿下手人禁獄決定(？)	『座』	⑭
同／4／20	師高流罪・神輿下手人禁獄の宣旨	『玉』・『百』安元3／4／20	⑮
	神輿下手人禁獄は平重盛の申し出	『愚』安元3／4／20	⑯
同／4／22	神輿中堂に帰座	『座』	⑰

(『玉』＝玉葉、『百』＝『百錬抄』、『顕』＝顕広王記、『愚』＝愚昧記、『座』＝天台座主記)

の概要を押さえておくことにしたい(①などの数字は表9の数字と対応)。

安元三〈一一七七〉年三月廿一日、『玉葉』の記主藤原兼実のもとに、比叡山の大衆が加賀守師高の配流を求めて強訴に押しかけてくるらしいとの情報が入った。この時点では兼実は、事件の全容を全く把握していなかった。事件の発端は「去年」つまり安元二年に起こった。加賀守師高の目代が「彼の国の白山領を焼き払」ったことが原因であった(①)。

四月十六日付の院の御教書(『玉葉』四月十七日状所引)には

末寺焼失の訴え出来す。子細を問はるの処、代々の国領なり。更に寺領に非ず。対決あるべきの由、頻りに陳べ申す所なり。但し、寺領に非ずと雖も、焼き払ふの条、為す所の旨、穏便ならず。仍って国司、目代を改定し了ぬ。

とあり、その時期は不明だが、「白山僧侶」による「末寺焼失」の訴が提起されたあと、院が（国衙側に）「子細を問」うすなわち事情聴取を行ったことがわかる。国衙側の主張は、そこは「代々の国領であり、全く寺領ではありません」（＝つまり国衙の側には落ち度はありません）と述べ、主張の真偽を明らかにするために白山側との「対決」をさせていただきたいとの陳述を「頻りに」行っていた。院の側でも両者の「対決」を行わせるため訴の提起者である「初解状白山訴人」（＝この訴えを始めに起こした白山の関係者）に「対決」への参加を求めたが、白山側は関係する「神人」（＝「初解状白山訴人」）を出頭させることもなく、神輿を動かし参洛を企てた。これにより、国衙と白山との「対決」（＝正式な裁判）は行われず、国領か寺領かの真偽の究明はできなかった。しかし、たとえ「寺領」でないにしても国衙側が寺領を「焼き払」ったことは穏便ではないということで、国司は目代を更迭・改定する措置を執った。

また、従来の研究では注目されてこなかったことだが、このとき目代の解任と併せて、国衙側が押取・収納した「雑物」を返与すべしとの宣下も行われたことが、「目代、配流し了ぬ。雑物、返与すべきの由、宣下し了ぬ」（『玉葉』四月十八日条）という記述からわかる。目代解任、雑物返与が行われたのであるから本来、白山側はこれで納得すべきであるが、まだ不満の様子であったため、目代については解任に加え「配流」に処されることになった。白山の「初解状」がいつ提出され（＝訴の提起）、国衙と白山との「対決」がいつごろ問題となっていたか具体的日時を示す史料はないが、目代師経の配流が決定されたのは三月廿八日（『玉葉』四月二日条では「晦日」⑤・⑥）のことであったので、それ以前ということになる。

目代の解任・配流、雑物返与というかなり白山側の意向に添った措置が執られたにもかかわらず、白山・山門大衆は納得せず、国守藤原師高本人の解任を求めていたようである。白山・山門側は、今回の加賀国での事件は、目代個人や留守所・在庁などの個別責任の事件と認識してはおらず、国守師高の国衙支配全体の責任によるものと考えていたということである。直接の現場の者だけの処罰で済む問題と認識していなかった。つまりは、国守師高の首を出せというのである。

そもそも国守師高の配流を求めていた大衆は、四月十三日とうとう神輿を担いで閑院内裏の「陣口」にまでやってきた⑦。このとき防禦にあたった武士の矢が、神輿や神人・宮仕に当たった⑧。翌十四日、再度の衆徒の怒りを恐れ、院に於いて善後策が議定された⑨。

『玉葉』四月十八日条には

仰せて云く（大衆奏状・国司陳状等を相副ふ）、「大衆の申状、一々理無し。仍って裁許無きなり。此の如き濫吹の間、官兵数日警衛し、その煩ひ尤も多し。何様、沙汰あるべきや、一同相議し申さしむべし」てへり。

という院の言葉が記されている。後白河上皇は公卿会議に対し「どのように処理したらよいか、審議せよ」と命じた。その際に、延暦寺が訴えた「大衆奏状」とそれに反論した「国司陳状」が参考資料として添えられていた。後白河上皇は、（加賀守師高配流を求める）大衆申状について、「一々理無し、仍って裁許無し」すなわち、まったく理にかなわないので許可しないという判断を既に下していた。そのような状況を察知したのであろうか、この日、「大宮・聖真子・三宮」の神輿が中堂に振り上げられている⑫。

結局、神輿の下向はなかったが、その後の十四日の処理の過程で、「裁許無し」という院の判断が「神輿事、聊か恐れ有り。裁許有るべきか」（『玉葉』四月廿日条）と後退したためであった。その結果、裁許されるはずではなかった加賀守師高の配流が決定され⑭、その「罪科行はるべし」との院宣⑪が内々座主に示された。「内々、先ず座主に仰せらると云々。これに因り去る夜、大衆下向せずと云々」（『玉葉』四月十五日条）とあるように、それが座主から衆徒に伝わったため神輿の下向はなかったのである。十六日、再度同内容の院の御教書が座主に遣わされ⑬、廿日、処分が正式に発表された⑮。

以上のような経過をたどり、大衆の要求する国守配流が受け容れられたため、強訴は一段落を迎える。神輿を射た武士の処罰は大衆の要求ではなく、平重盛の自発的意思であった⑯。翌月に今回の大衆蜂起を含む三箇条の咎によって「朝家の愁敵」・「叡山の悪魔」として天台座主明雲は解任されることになる（『玉葉』五月十五日条）。

さて、事件が安元二年に起きたことはわかったが、そもそもその原因は何であったのだろうか？これについては、『玉葉』の記主藤原兼実の許には「件の目代、彼の国の白山領を焼き払ふ」という情報が入っていた。『百錬抄』も同様に「その根源、加賀守師高の目代、白山を焼き払ふ」（三月廿一日条）と、目代師経が「白山領」を「焼払」ったことを記している。

「焼き払う」という行為の具体的内容は、『顕広王記』安元三年四月十三日条が示している。

神輿八基を振り、山の大衆、群参す。これ加賀国司師隆を訴え申すためと云々。その故、白山神領の在家を焼き払ひ、兼ねて大津神人の貯物二千余石を押し取ると云々。仍って神人等、本山に訴え申し、大衆に随ひ陣参するの処、武士等を付し、陣頭において射払はれ了ぬ。神輿二基、矢にあたる（十禅師・京極寺と云々）。伊藤左門忠景を将軍とすと云々。この事、日来の沙汰なり。院宣によりこれを射る。神輿を二条大路に棄て、大衆帰山す。

つまり、焼き払われたのは白山神領の「在家」であり、たんに焼くだけではなくその在家に収納されていた「大津神人」の「貯物二千石」を奪い取ったのである。『日吉山王記』に「加賀国目代氏《ママ》所、白山寺領温泉寺の住侶、公事を切り懸くの間、寺僧等先例なきにより、勤仕すべからずと云々。仍って件の別所、目代焼き払ひ了ぬ」（『続天台宗全書』神道1）とあり、寺僧の立場からすると先例に無い「公事」を目代が「切懸」てきたが、それを勤仕しなかったところ、目代が実力行使による強制執行を行ったというのである。

同様の記述は「目代師恒、白山を焼失し、神人の物を押し取る」（『天台座主記』「第五十五　法印明雲」）（『続群書類従』四下）、「兵粮米と称し、大津右方神人の上分米千余石を押し取り了ぬ」（前掲『日吉山王記』）とあり、叡山側の認識はたんなる「焼払」ではなく、むしろ「貯物」・「上分米」などの押取＝横領である。それ故、目代配流の決定と同時に「雑物返与」が宣下（『玉葉』安元三年四月十八日条）されたのであり、奪われた物の返還も重要な措置となっていた。さらに、この行為は目代の個人的暴力ではなく、国司の初任検注やそれに基づく「兵粮米」などの新たな賦課の一環であることを、白山・大衆側も理解しており、それゆえ、トカゲの尻尾切りのような目代の処罰では納得せず、国衙機構の最高責任者である国司師高の処罰をあくまで求めたのであろう。

従来は、大衆の強訴と官兵である武士との衝突に目を奪われ、指摘されてこなかったが、第一段階として、白山に「初解状」による訴の提起、それに基づく国司の陳述、国衙との対決訴陳の白山側による無視、「焼払」という単発的事件については責任を認めた（逆に言えば、国内の検注やそれに伴う雑物強制収納は悪いと認めていない）国司の側の目代の解任までが行われた。院の側としてはこれで最大限の譲歩のつもりであっただろうが、今回の事件を国衙支配の横暴と考える白山・山門側はあくまで国守師高の処罰を求めて神輿の下向を行ったのである。

第二段階として、大衆は下向に際し「大衆奏状」を提出し、これに対し国司の側も「国司陳状」を提出し、訴訟の手続きが踏まれている。根本の問題は、焼き払ったという表面的行為ではなく（このことだけなのであれば目代解任で済むこと）、そこが「国領」か「寺領」かという点である。この点に関しては、院は国衙側の主張を当然認めており、当初「大衆奏状」が「一々理無し」とされた（『玉葉』安元三年四月十八日条）のは、このためであった。最終的には神輿を射る事件などがあったため、大衆の要求を受け容れざるをえなかったが、無理を通された屈辱はその後の明雲の座主解任となって吹き出すことになる。五月廿九日、「台嶽の末寺の庄薗、諸国司に仰せて注進せらる。これ停廃せんとするか」（『玉葉』同日条）という命令が発せられたのも、強い意思の表明である。

さて、ここでもう一つ注目したいのは「大津神人」の存在である。そもそも、「大津神人」とはどういう人たちで、「大津」という近江国の地名が付く人たちが何故、加賀国に存在したのだろうか。

院政期の貴族藤原宗忠の日記『中右記』天永三〈一一一二〉年四月十八日条に「国光一人、大津神人と称す。今年、御祭の御供頭なり。件の料物を国司のために奪ひ取らる」とあり、摂津国で大津神人国光なる人物が国司に「御祭御供」の「料物」を奪われたと訴える事件が起きている。このとき、『中右記』の記主藤原宗忠は「摂津国に在りながら大津神人と称する条、得心せず」すなわち、「摂津国にありながら大津神人と称するのは理解できない」との感想を書き残している。大津神人は、大津の存する近江国以外、加賀国にも、摂津国にも存在した。「摂津国にいてなぜ大津神人？」という藤原宗忠の素朴な疑問によって、現代人だけではなく一二世紀初めの都の貴族にも「大津神人」の実態が正しく認識されていないことが示されている。

北陸に所在する大津神人については、次に示す建仁二〈一二〇二〉年六月　日「近江日吉社大津神人等解」（『鎌倉遺文』一三〇九号）に見える事件が様相を示してくれている。

越後国豊田荘（旧豊浦町、現在の新発田市南部周辺）の地頭である開瀬義盛が「神人清正の身を搦め取る。禁誡を加へ、科料を行ひ、住宅を封納し、所持する神物を追捕し取る」という事件がおき、やはり訴えられている。このとき訴えたのは被害を受けた神人清正個人ではなく、清正ら越後国の「在国神人」の解状を受けた「日吉社大津左右方神人等」であった。一連の文書の中で「在国神人」たちは自分たちのことを「北陸道神人」と称し「山王大明神が先に当浜に垂跡の砌」よりの歴史を持つと自負している。

この史料中の「在国神人」・「北陸道神人」という語に注目した網野善彦氏が「越後国に大津神人の「在国神人」が三十余人いたこと、「北陸道神人」とよばれる大津神人の組織があったこと、この人々がその私宅に「山王三聖御正躰」「神物」を保持していたこと」などを指摘され「この「在国」の大津神人が、現在の新潟東港を中心とする海辺の津・泊に根拠をもち、恐らくこうした年貢物の輸送にも携わった廻船人であった」と推測されている（平凡社ライブラリー『日本中世の百姓と職能民』）。

この越後国の場合は、衝突した相手が加賀国の場合の国司ではなく地頭であるが、「住宅を封納し、所持する神物を追捕し取る」という点においては白山事件と構造は同様である。おそらく大津神人の北陸道支部とも言うべき「北陸道神人」は加賀国にも拠点を持っており、加賀国の新任国司師高は新任検注を行うなかで、豊田庄地頭の開瀬義盛と同様に神人を抑えつけその財物を奪い取ったのであろう。これに対し、大津神人はその元締めと言うべき日吉社・延暦寺を通じて訴え、朝廷への強訴に及んだ。

ここで一つの疑問が生じてくる。白山事件に大きく関わっていると思われる大津神人と白山との関係である。組織体としての叡山と白山が本末の関係にあるとしても、大津神人は白山とどのように関わっていたのであろうか。

前掲「近江日吉社大津神人等解」の差出人には以下の十五人の人物が名を連ねている。

建仁二年六月　日

藤原宗成
藤原頼康
散位物忌正家
散位藤原貞政
散位丹治助能
前右京進大江貞資
右方長者散位文屋通貞
藤原盛賢

藤原有定
藤原景頼
筑前権介藤原則貞
散位秦盛遠
散位藤原盛康
散位藤原季家
左方長者散位藤原有賢

これによれば大津神人は、左方・右方に分かれており、署名に「右方長者散位文屋通貞」「左方長者散位藤原有賢」とあるように「長者」とよばれる代表者がいたことがわかる。姓から考えて都の実務官人と同じ階層の人々であろうことが推測できる。それ以外の文書に署名している大津神人たちも「藤原」「物部」「丹治」「大江」「秦」などの姓を持っており、同様の階層であることがわかる。このような長者を中心とする人々が「在国神人」とよばれる各国居住の神人たちを統括していたものと思われる。

「在国神人」の実態については不明な点が多いが、次の例から推測できる。建保二年に若狭国で「気比大菩薩神奴」と称する中原政康が大番役の免除を願い出た文書（建保二〈一二一四〉年四月廿五日「中原政康解」『鎌倉遺文』五〇六三〇号）の中に「養父また当郡に居住の身、日吉神人たり」とあり、彼の家は父の代から気比社の神人でありながら日吉神人であったという。「政康、養父の跡を継ぎ、当郡に居住し仕える事四十年」とあるので、養父の後を継いだ政康もまた気比神人であり日吉神人でもあるという状態で四十年過ごしてきたことになる。『福井県史』によれば「日吉神人が山門・日吉社の末社である気比社の神人を兼帯する」（「神人と守護と大番役」『福井県史』通史篇二中世）ということになるのだが、四十年以上にわたり親子二代「当郡に居住」という状態を考えると、むしろ気比神人が日吉神人として編成されていったと考える方が自然かもしれない。白山の場合は中原政康のような具体名がわかる例は無いが、越前気比社の場合と同様に、白山の神人が大津神人として編成されていたのであろう。このような神人が「日吉白山神人」（貞永二〈一二三三〉年三月十三日「延暦寺政所下文案」『鎌倉遺文』四四五七号）とよばれるようになったと思われる。

こうして日吉神人（＝大津神人）は気比神人や白山神人などのような各国の末社の神人たちをそれぞれの地域の「在国神人」として組み込み組織化し、京都から若狭、越前、加賀、越後と連なり、網野善彦氏が指摘されたような廻船のネットワーク化が可能となった。これが「北陸道神人」の姿である。今回、たかだか末社である白山での事件が叡山の神輿の強訴となり得たのは、このような経済的な神人のネットワークがあったからで、僧侶とか神官といった宗教的な上下関係だけでは実現しなかったものと思われる。

以上が、史料から見た白山事件の経過とその原因と背景分析である。

三「物語」と「日記」の違い

先に示した表8（166頁）で確認したように、『平家物語』諸本の中で、この事件に関する記述が最も詳細なのは『盛衰記』である。ただそれは詳細であるというだけで、史実に合致しているかどうかは別に検証しなければならない。

国府襲撃の正確な日付については貴族の日記類では確認できない。事件の発端は「去年」つまり安元二年、加賀守師高の目代が「彼の国の白山領を焼き払」ったこと（①）との記録しかないため、平家物語諸本の描く七月や八月の史実性は確認できない。

このあと、貴族の日記類では安元三年三月二一日に山門大衆が下向するという情報がもたらされるまで記録がない。このため、表8のb～hまでの史実性は確認の手段がない。しかし、諸本のそれぞれの記述された出来事の時系列をみると、内部で矛盾を生じているものがある。

長門本では

（安元二年）八月五日宇河を立て勧成寺に着き給ふ御供の大衆すでに一千余人なり勧成寺より同じき六日仏が原金剣宮へ入らせ給ふ爰に一両日逗留す同九日留守所より牒状あり

と記述され、八月六日に金剣宮に到着し逗留中に国衙の留守所から牒状が届いたとある。そのすぐ次に牒状が引用されている。

留守所牒白山中宮衆徒衙

欲早停止衆徒参洛事

牒奉捧神輿衆徒企参洛令致訴訟事之趣非無不審、因茲差遣在庁忠利尋申仔細之処、為石井法橋訴申令参洛之由有返答云々、此条理豈不可然、争依小事可奉動大神哉、若為国之沙汰可為裁許訴訟歟者、賜其解状可申上也、乞哉察状以牒、

安元三年二月九日　　散位財部朝臣散位大江朝臣　　散位源朝臣目代源朝臣

留守所牒す白山中宮衆徒の衙

早く衆徒の参洛を停止せられんを欲する事

牒す、神輿を捧げ奉り衆徒、参洛を企て訴訟を致す。事の趣、不審無きに非ず。ここによりて在庁忠利を差し遣はし仔細を尋ね申すの処、石井法橋、訴へ申さんがため参洛せしむるの由、返答有りと云々。

この条、理あに然かるべからざらんや。いかでか小事により大神を動かし奉るべけんや。若しくは国の沙汰として裁許訴訟たるべけんやてへり。
その解状を賜り申し上ぐべきなり。乞ふに状を察せよ。以って牒す。
安元三年二月九日　　散位財部朝臣散位大江朝臣　　散位源朝臣目代源朝臣
これが本当に加賀の留守所の発した牒なのか、物語の創作なのかはわからない。内容的には「いかでか小事により大神を動かし奉るべけんや」とあるように、このまま京都に向かう事を防ぎ、「国の沙汰として裁許訴訟」とあるようにまず加賀国レベルでの裁判で処理しようという加賀国留守所の意向を示している。

ここでは、その内容ではなく、文書の日付に注目していただきたい。「同九日留守所より牒状」という長門本の記述からすれば安元二年八月九日（もしくはその前数日間）の日付でなくてはならないはずだが、引用されている文書の日付は「安元三年二月九日」と半年後になっている。八月六日から「一両日逗留」したもののところに、半年後の日付で発行された文書が届くことは通常は考えられない。何らかの事情によって、その文書が現実に処理されたときとは異なる日付で発行される場合も皆無ではないが、このときは京都へ向かう白山中宮衆徒をただちに押しとどめるのが目的の緊急を要する文書であり、半年後の日付にする合理的理由はない。とすれば、これは長門本がどこかで時系列の錯乱を起こして記述してしまった結果だと考えるべきであろう。

同じくらい詳細に出来事を並べる延慶本と盛衰記は、金剣宮逗留期間と留守所牒状の日付には矛盾を起こしてはいない。

延慶本では次のような記述になっている。

　安元三年二月五日宇河ヲ立テ願成寺ニ着給フ。御共ノ大衆一千余人也。願成寺ヨリ同六日仏ガ原金剣宮へ入給フ。於茲一両日逗留ス

留守所ヨリ白山へ遣牒状事同返牒事

同九日留守所ヨリ牒状アリ。使者ニハ楠二郎大夫則次、但田ノ二郎大夫忠利等也。彼牒状云、

留守所ノ牒白山宮ノ衆徒ノ衙

欲早被停止衆徒参洛事

牒奉振神輿衆徒企参洛令致訴訟事之趣非無不重因茲差遣〈上イ〉在庁忠利尋申子細之処石井法橋訴申令参洛有返答云々此条豈不可然争依小事可奉動大神哉若為国之沙汰可為裁許訴訟歟者貯《賜カ》〈本ママ〉解状可申上也乞哉察状以牒

安元三年二月九日　　散位朝臣散位朝臣　　散位朝臣目代源朝臣在判

延慶本では「宇河」をたったのは安元三年二月五日、翌六日に金剣宮に入り、「一両日逗留」、届いた留守所牒の日付が二月九日と、時系列的には整合的である。この時系列は盛衰記も同じで整合的である。ただし、延慶本は伝来途中の写し間違いなのか、肝心の安元元年一二月二九日（『玉葉』）のはずの藤原師高の加賀守補任を、「安元二年十一月廿九日加賀守ニ任ジテ」としてしまっている。

延慶本・長門本・盛衰記以外の諸本は別表に示したようにこの事件の記述に関しては詳細ではない。

さてこの事件に関しての貴族の「日記」と「物語」の比較をしてきたが、大きく異なっている点がある。それは、衝突のきっかけとなった事件についてである。

『盛衰記』は湧泉寺湯屋での馬洗いによる衝突をきっかけと記している。安元元年末に加賀守に任命（『玉葉』安元元年十二月二十九日条）された藤原師高が目代を派遣し、実際に初任の検注などを行うのは翌年安元二年の雪融け以降のことであろうから、そのような国衙と白山側の緊張感の中で「七月」にそのような衝突事件が起きてもおかしくはない。実際に湯屋での事件があったかどうか、有りうる話ではあるがそれを証明する史料は無い。

貴族の「日記」類には、湯屋での事件については一切記されず、「去年」（＝安元二年）に加賀国で国衙と白山との間に衝突があり、寺領が焼き払われ大津神人の貯物が押取された、ということしか記されていない。

前掲史料の越後国大津神人と地頭開瀬義盛との間の事件においても地頭は「住宅を封納し、所持する神物を追捕し取る」、すなわち住宅を封納（＝財産差押）し所持している「神物」を押し取ったが、その際「山王三聖御正体天を奪ひ破損を成し、泥中に踏み入る」、すなわち御正体を泥の中へ踏みつけている。また、「三十余人の神人らに或ひは刄傷を加へ、或ひは凌轢せしめ、悉く著衣などを剥ぎ取る」とあり、神人等に怪我を負わせ着衣を剥ぎ取ったという。このような地頭や国司による差し押さえの現場においては、それに抵抗する神人の側との間に、御神体の汚穢・破損や神人への傷害は当然付随して発生したであろう。

『盛衰記』は湯屋で、目代舎人に「国ハ国司ノ御進止ナリ」と言葉を語らせているが、まさしく国衙側の国内支配への姿勢として象徴的であり、馬を洗うかどうかのレベルでとどまる言葉ではない。安元の白山事件の場合も根本的な要因は、国衙対白山の検注や賦課を廻る対立にあり、焼払や神人の傷害もそれに付随して起こっていたものと思われる。『盛衰記』は叡山の大衆が「本社白山ノ事ナラバ左《さ》モ有ナン。彼社《やしろ》ノ末寺也。許容ニ及ズ」と述べたと語っているが、さらに些末な馬洗い事件など、たとえ事実であったとしても都の貴族や叡山の僧にとってはどうでも良いことであったため記録されなかったか、もしくはその前の情報源の段階で捨象されてしまっていたのかもしれない。白山事件の要因としては、発火点は湯屋での馬洗といった些末な事件であったかもしれないが、その本質は国衙による大津神人の貯物・雑物の押取にあるということで、貴族側も叡山側の史料も一貫している。

では、逆に、『盛衰記』などの物語は、なぜ一切大津神人については触れないのであろうか。同時代の史料が湧泉寺湯屋の事件に全く触れないのとは対照的に、物語はまったく大津神人について語らない。

ここから先は文学の領域であり、全くの推測でしかないことをお断りした上で、可能性を二点示しておきたい。それは「書けなかった」と見る見方と「書かなかった」と見る見方である。

下坂守氏によれば、時代が降ると「大津神人の多くが大津を離れ、京都に移住」し、「京都の入神人」とよばれるようになっていき、「大津神人」の呼称は以後（＝乾元元年・筆者注）、資料上では確認できなくなる」（「衆徒の金融と神人の金融」『中世寺院社会と民衆』）ようである。乾元元〈＝一三〇二〉年以降、大津神人は京都へ移住し「京都の入神人」とよばれたわけであるから、もし物語の作者が一四世紀以降の常識で描こうとすれば大津神人という用語は廃れてしまっており使えない。「京都の入神人」などという近時の呼称も使えない。「大津神人」という語をあえて使用した場合、「なぜ摂津国に大津神人？」という疑問を抱いた院政期貴族藤原宗忠同様、「なぜ加賀国に大津神人？」という素朴な疑問を読者が抱いてしまうため、その説明を物語に仕込んでおく必要があるが、たいへんな手間になるし、物語の進行に障害となろう。その意味で作者としては、たいへん使いにくい用語・概念であったのでは無いだろうか。物語の展開上は、加賀守と目代が非法を行い、それに怒った僧兵が強訴を行うという流れが必要なだけであり、そのためには子供にもわかる湯屋での馬洗い事件を描いておけば、その背後にある本質的要因＝国衙対白山勢力の対立などといった複雑な説明は外しても差し支えないと判断されたのかもしれない。

とはいえ、物語執筆（成立）時点ではもう存在しないからといって、そういうものを全て物語から抹消してしまっては、そもそも歴史物語は存在し得ない。大津神人について、意図的に「書かなかった」

という可能性も考えなくてはならない。大津神人が金融業を営んでいたことは下坂守氏が指摘しているところだが、今も昔もトラブルの多発が予想される業種である。事実、「今朝、三條猪隈の辺りで山僧神人等、出挙の利を責め狼藉す」(『明月記』建保元〈一二一三〉年五月廿七日条)などのように、山僧や神人による利息や返済をめぐるトラブルは京都で起きており、このころの人々にとって神人の金融業者としての姿はきわめて一般的だったと思われる。また、利息の返済を「責め」「狼藉」する様子は、京都の人々に焼き付いていたことであろう。

それほど一般的素材ならば、物語に描いても問題なさそうであるが、大津神人対国衙の対立となれば、非常に世俗的な対立であり、そのことによって山門強訴が行われたと物語を構成すれば、山門もまた世俗的権力と描かざるをえない。延暦寺は大荘園領主で、かつ金融業者である神人の本所＝元締め的存在であり、その意味では事実きわめて世俗的な存在である。さらに、安元強訴の際の「大衆奏状」について、院が「一々理無し」としたように、(「焼払」は度が過ぎるとしても)当時の法の論理から言えば、国司が初任検注などを行い本来の国衙の収入を確保する行為はむしろ正当な国務である。そのまま描けば白山側に非があり、山門大衆もそれに雷同してしまったことになる。物語では、問題を矮小化して、神聖な湯屋への馬の乱入から報復の焼き払いという非常にわかりやすい展開を示すことによって、白山の怒りから大衆強訴が読者に理解されやすいとの判断が働いたのではないだろうか。

終章

子供の頃読んだ『平家物語』の印象では、平氏は横暴な嫌な一族で、ヒーロー源義経に倒される悪役であった。おそらく今でも義経は人気者なのではないだろうか。歴史物の映画やドラマなどでも、原作によって多少違いはあるが基本的に平氏は横暴な権力者という基本線は変わらないように思う。さらに付け加えるならば、当時の貴族も、陰湿で権力にこびへつらう人々という描き方がされている。

ドラマのキャストと性格付けをみればその特徴がよくわかる。直近のNHK大河ドラマ「平清盛」で示せば、源氏側は、源義朝（玉木宏）、源頼朝（岡田将生）、源義経（神木隆之介）とイケメン勢揃いである。平氏側についてはこのドラマでは清盛が主人公ということもあって、平重盛（窪田正孝）、平頼盛（西島隆弘）、平宗盛（石黒英雄）などこちらも美形男優が並んでいる。もし、源氏方が主人公であれば、平氏側はもう少し違ったなキャスティングになったと思う。

都の貴族たちは、本書でもおなじみの松殿藤原基房（細川茂樹）、『玉葉』の記主藤原（九条）兼実（相島一之）、平治の乱で倒される藤原信頼（塚地武雅）などといった配役である。基房の細川さん自体は二枚目の俳優さんだが、その描き方は旧態依然とした貴族であったし、性格俳優の相島さん演じる兼実は必要以上に腹黒い感じがしたし、ドランクドラゴン塚地さんの信頼像は歴史学者が史料でなんとなく思い描いている信頼像を根本的に破壊するものであった。それぞれの俳優さんたちは、求められている人物を見事に演じておられた。ただ、私が気になるのは貴族の描き方である。

貴族は陰湿で裏で策略をめぐらし、権力に迎合し、いざとなったら保身のために平気で裏切る、といった描き方が、平安時代を舞台とするドラマでは必ずなされる。一方、武士は、質実剛健、男らしい正義の味方といった描き方がほとんどである。

たしかに「新・平家物語」（一九七二年）のときの木村功さん演じる源義朝は、当時十五歳だった私に、抑えた男の美学をはじめて感じさせてくれた。源氏方や武士はおおむね、このように好意的に描かれる。貴族は軟弱で優柔不断でよく描かれたためしがない。唯一、「柳生一族の陰謀」（一九七八年）に出てくる成田三樹夫さん演じる烏丸少将文麿だけは、貴族的に見せておいて実は剣の達人といった変わった造形をしていたが、あくまで例外的なものである。

はたして貴族はそんなに陰湿だったのだろうか?、武士はそんなに正しかったのか? もちろん、そういった要素も十分にあるだろう。しかし、貴族は戦を避ける平和的解決を望む傾向にあったし、武士はその特性上多くの人を殺していた。必ずしも、どちらが正しいということはないのだが、武士はいつも正しく、貴族は悪のように描かれる。

このように人々に染みこんでしまったイメージを覆すのは難しい。話を平氏に戻そう。一般的な平氏は、権力を笠に着た横暴なイメージができあがっている。平氏の横暴さのイメージを形成してきた要素の多くが『平家物語』によっている。盛者必衰の理を表すためにことさらに平氏の横暴さを強調している。いったいどれほどの人々が、史実に基づいた平氏の横暴の証拠を挙げることが出来るだろうか。

ここでは、まともな平氏の貴族的な姿の一例として、本書でも取り上げた平重盛の活動の一端を示しておこう。

そもそも平氏について九条兼実は、

> 准三宮入道前太政大臣清盛法名静海は、累葉武士の家に生まれ、勇名世を被ふ。平治の乱逆以後、天下の権、偏に彼の私門に在り。長女は始めて妻后に備はり、続て為国母となる。次女両人、共に執政の家室となる。長嫡重盛、次男宗盛、或は丞相に昇り、或は将軍を帯ぶ。次々子息、昇晋（進）心の恣にす。凡そ過分の栄幸、古今を冠絶するものか。

と記しており、「累葉武士の家」つまり先祖代々の武士の家だと意識されている。

ただ、貴族たちは武士をひどく特別なものと意識していたわけではない。それを知るために次の説話を紹介しよう。

> 「陰陽師晴明早瓜に毒気あるを占ふ事」
> 御堂関白殿御物忌に、解脱寺僧正観修・陰陽師晴明・医師忠明・武士義家朝臣参籠して侍けるに、五月一日、南都より早瓜をたてまつりたりけるに、「御物忌の中に取入られん事いかがあるべき」とて、晴明にうらなはせられければ、晴明うらなひて、一の瓜に毒気候由を申て、一をとり出した

り。「加持せられれば、毒気あらはれ侍べし」と申ければ、僧正に仰て加持せらるるに、しばし念誦の間に、そのうりはたらきうごきけり。其時忠明に、毒気治すべき由仰られければ、瓜をとりまわしまわしみて、二ところに針をたててけり。其後うりはたらかず成にけり。義家に仰て、瓜をわらせられければ、腰刀をぬきてわりたれば、中に小蛇わだかまりてありけり。針は蛇の左右の眼に立たりけり。義家、なにとなく中をわると見えつれども、蛇の頸を切たりけり。名をえたる人々の振舞かくのごとし。ゆゆしかりける事なり。此事、いづれの日記に見えたりと云事をしらねども、あまねく申伝て侍り。

（『古今著聞集』巻第7（術道第9）、日本古典文学大系84、岩波書店、一九六六）

末尾に「いづれの日記に見えたりと云事をしらねども」と正式の記録に拠ったものでないことが明示されているとおり、そもそも説話集の話なので実話では無いことはもちろんだが「あまねく申伝て」とあるように多くの人々が語り伝えていた。つまり、細かな事実は別として、ここに書かれている「武士」に対する意識は多くの人々に共感されていた。

さて、話の概要はこうである。

御堂関白藤原道長が物忌みのため自邸に籠もっているときに、解脱寺の僧正観修・陰陽師の安倍晴明・医師の丹波忠明・武士の源義家朝臣の四人が近侍していた。そのとき、奈良から早瓜が届いた。物忌みの時に外部から持ち込んで良いかどうか、陰陽師の安倍晴明に占わせた。清明は一つの瓜をとりあげ、これに毒気があることを指摘した。僧正観修が念誦を行ったところ、瓜は動き始めた。次に命を受けた医師丹波忠明が針を二箇所にうったところ動かなくなった。次に武士源義家に命じて瓜を切らせたところ、蛇が中に入っていた。義家は何気なく切ったように見えたが、蛇の首を正確に切り落としていた。また、丹波忠明の二本の針も、その小さな蛇の二箇所の目を正確に刺し貫いていた。それぞれの「道」で名を得た人の技はこのように素晴らしい。

現実には起こりえない話であるが、人々がそれぞれの道の達人にどのような働きを期待していたかわかる興味深いエピソードである。

だが、本書の興味は別の所にある。注目したいのは、武士源義家が特別な存在では無く、僧侶、医師、陰陽師と並んで登場していることである。武士は特別な存在では無く、天皇や摂関など貴人を守るための防衛力の一つと意識されている。九条兼実が平氏のことを「累葉武士の家」と記しているが、それぞれの家業が重視されていたこの時期には、医道丹波氏は「累葉医師の家」、陰陽道安倍氏は「累葉陰陽師の家」と（直接そのように表記した記事はないが）意識されていた。兼実の「累葉武士の家」という表現に、「貴族対武士」などのように必要以上に重い意味を付加して、過剰な深読みをしてはならない。

重盛は、「累葉武士の家」の「長嫡」として自家の家業としての「武士」の役割も果たしている。嘉応元年、尾張守藤原家教と延暦寺との間で紛争がおこり、延暦寺側が強訴を行う。その時の防備についての史料である。強訴に備えるために「早く参内裏に参り、衆徒を追い帰すべきの由、重盛卿に仰せらる」（『玉葉』嘉応元年十二月廿四日条）とあるように、重盛に出動が命じられている。また、重盛の息子維盛が冬の朝狩りに出かけている逸話は先に紹介した通りである。一般の貴族は騎馬しての狩猟には出かけない。狩りも武芸の鍛錬の一環でもあったのだろう。

一方、平氏には平時において貴族社会の一員としてふさわしい活動の姿も見える。平重盛は、権大納言にまで出世していたが、仁安三〈一一六八〉年十二月に権大納言をいったん辞している（『公卿補任』）。その理由は「脚病」とある。それに関連してか、辞任の頃には、上卿（朝廷の儀式や政務それぞれの担当責任者である公卿）の役割を交代している事例が見られる。たとえば、

法勝寺三十講始、如例の如し。上卿権大納言平朝臣重盛日来所労。権大納言公保、仮に奉行す。
（『兵範記』仁安三年五月一日条）

法勝寺千僧読経、午剋御幸す。その儀如例の如し。摂政殿、左大臣経、権大納言定房上卿権大納言重盛所労、よって仮の上卿と云々
（『兵範記』仁安三年五月廿日）

などである。いずれも法勝寺に関する上卿である。当時、大きな寺院にはそれぞれの窓口となってその寺院関係の行事の責任者となる公卿が固定化され決まっていた。これを「○○寺別当」という。重盛は

法勝寺別当であったようである。

五月一日の三十講に重盛が出られないから、かわりに公保が上卿を勤めたのであるから、普通であれば公保が「上卿を勤めた」と記録すれば良いのに「仮の上卿」と「仮」の字が付いている。二〇日の千僧読経場合も藤原定房が「仮の上卿」となっている。

これら法勝寺に関わる行事は、本来すべて法勝寺別当である重盛が行うべきことである。単発的な朝廷の行事であれば「上卿重盛」が「上卿公保」、「上卿定房」に変わるだけで「仮の上卿」など置かない。重盛は三十講や千僧読経といった個別の行事は休んだが、法勝寺別当の地位は退いたわけではないので、公保や定房は「上卿」とは名のれない。仮にその日だけ上卿の役割を担ってるだけなので「仮の上卿」なのである。

法勝寺は、日本史の教科書にも六勝寺の筆頭として出てくる白河上皇発願の院政期有数の寺院である。この寺院の公卿別当は、公卿の中でも有力な者が任命されていた。『兵範記』同年六月十八日条には「代々奉行并びに弁官等」として、法勝寺の歴代の奉行＝行事上卿＝別当上卿とその事務担当の弁官が一覧されている。

九条太政大臣(藤原信長)彼時内大臣右大将、春宮大夫公実、民部卿俊明、民部卿宗通、右衛門督顕(源顕通)中納言、民部卿忠教、左大臣実能、内大臣公教大納言より内大臣に至る、左大臣経宗中納言、大納言重通、内大臣忠雅、大納言公通、入道太相国清盛中納言より内大臣に至る、大納言雅通、権大納言重盛、大納言師長、

弁官、
通俊、公定、為房、重資、顕隆、伊通、為隆、顕頼、公行、朝隆、光頼、範家、惟方、俊憲、貞憲、
成頼、親範、朝方、時忠、信範、

さすがに六勝寺の筆頭寺院だけあって重盛の父清盛など有力な公卿が顔をそろえる。また、弁官も、藤原為房、藤原伊通、藤原惟方、藤原信範など、それぞれの時期の有能な弁官ばかりである。重盛が「日来脚病」でこの上卿を辞した後の後任には、重盛よりも上席の「第二大納言」藤原師長が院の仰せによって選ばれた。

このような有力寺院の別当（担当公卿）の役割を果たすには、それ相当の知識とその元となる前例が必要になると思われるが、重盛にはその蓄積はない。父清盛在任時の分の前例は有ったにしても、おそらく十分ではなかったはずであるが、記録上、失態を非難されている記事はみえない。協力者の支援・教示によって大きな失敗をせず役割を果たしていたようである。

今日、源中納言雅頼来る。数刻雑事を談ずるなり。（略）、納言語りて云く、相撲の間、右将軍の作法違例事、人々の告に依り之を伝聞すと云々、左府の訓を以て金言と存ずるの間、かくの如きの事有り。疑殆の由無きに非ず。自ら歎息すと云々。凡そ左府は、年齢あい積むの故、頗る公事を練ると雖も、口伝を受けず、大事を学ばず。よって訛誤の事などあるか。なかんづく、大将の作法、誰

人に伝えるや。　（『玉葉』承安四年十月八日条）

相撲節会の際の「右将軍」（右大将＝平重盛）の作法に異例があったという。その誤りの元は「左府の訓」すなわち左大臣藤原経宗の教えを「金言」としていたからであると記している。

その左大臣藤原経宗の拠って立つ前例が次に記されている。

重盛の立ち位置について問題になっているのだが、「保安三年の例に依り、軒廊に立つべきの由、左大臣教訓す」とあって、左大臣経宗の「教訓」の内容が示されているが、経宗は「花園左大臣の例に依るべきの由、ことに執らる」（『玉葉』同年七月廿七日条）とあるように、後三条天皇の孫である左大臣源有仁の作法であったという。

白馬節会の際の左大将の移動経路について、「花園説」が出てくる。

先ず左大将参上し奏聞了ぬ。右廻り土御門流かくの如し。花園彼の説を受く。閑院の流また、花園説を習う、よって右に廻らるなり。作法優美なり。東の簀子・南庇等を経て復座す。　（『玉葉』治承四年正月七日条）

この場合は「土御門流」と「花園説」が一致していたため問題は起きていないが、閑院流の人々の作法が「花園説」で行われていたことがわかる。平重盛は、大炊御門家の藤原経宗を介して、閑院流の貴族と同じ「花園説」によって、朝廷の行事に取り組もうとしていた。系図を参考にするとわかるが、閑

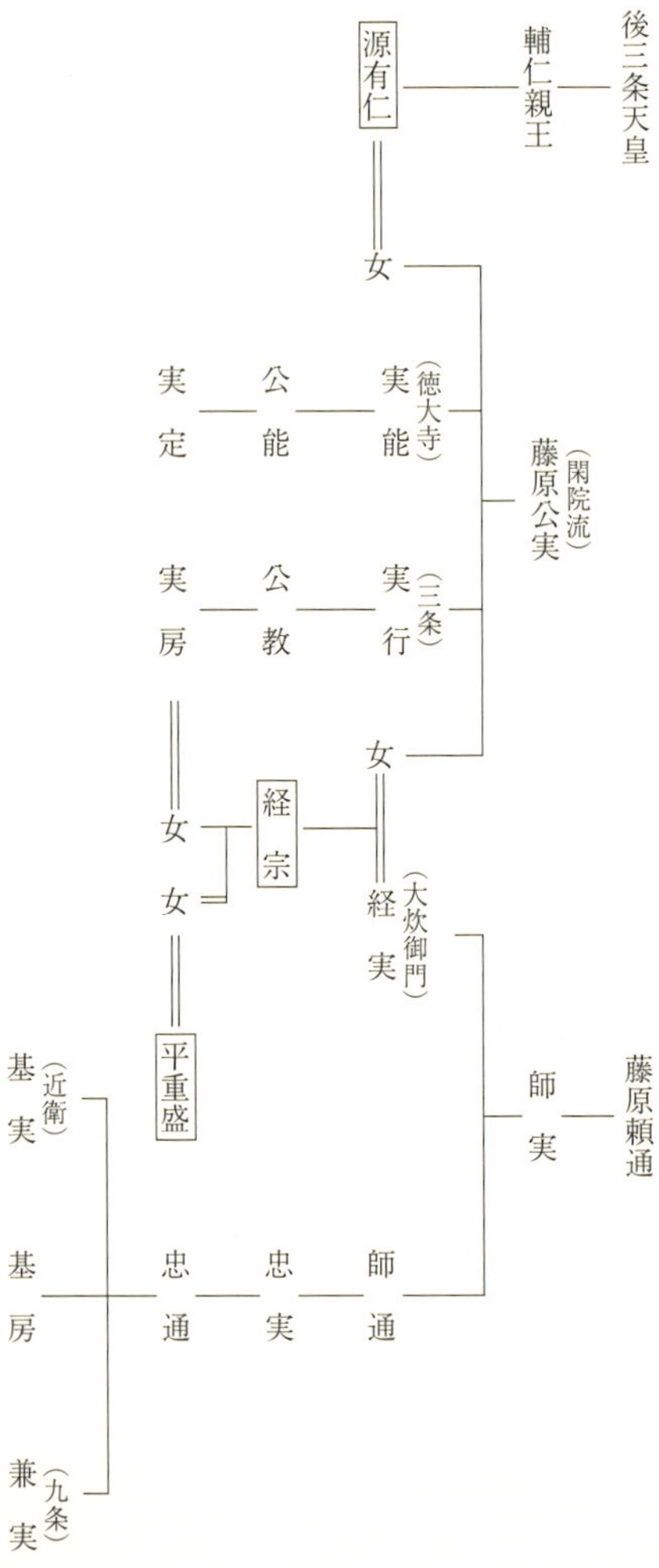

図21　系図　源有仁・閑院流・藤原経宗・平重盛

院流の人々が「花園説」に拠るのは源有仁の妻の実家ということが関係していると思われ、経宗が花園説に拠るのも母が源有仁の妻の姉妹であることによるものと思われる。このように婚姻関係による影響力が強いと考えると、藤原経宗の猶子（実は藤原家明の女、成親姉妹）を妻とする平重盛が、経宗の教えを「金言」とし、それに基づいて花園流に拠ろうとする理由も説明できる。

以上のように、平重盛は貴族社会の一員として政務や行事をこなそうとする姿勢を見せており、そこに武士出身だからという暴力的・威圧的姿勢は無い。他の平氏一族については今後検討していかなけれ

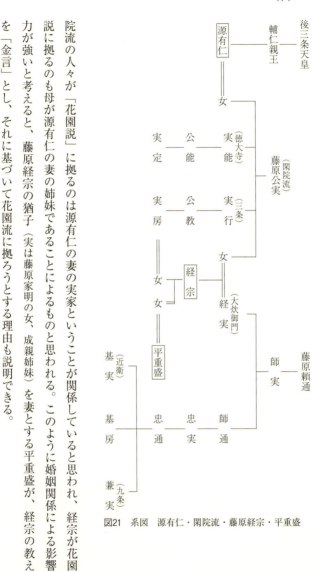

ばならないが、少なくとも重盛については驕れる平家の姿は見られない。

参考文献

＊本書の内容は、早川厚一氏を中心とした「『源平盛衰記』全釈研究会」の検討の中で生まれたことばかりである。『平家物語』を扱いながら、その対象が物語の前半部分に偏っているのも、この研究会の進行の度合いとも関係している。とくに本書に関係するのは、下記に示した号のものだが、今後も年一回発表予定なのでご注目いただきたい（名古屋学院大学のＨＰでどなたでも手軽にダウンロード可能で、研究者以外の方も自由に入手可能）。

○早川厚一・曽我良成・近藤泉・村井宏栄・橋本正俊・志立正知

・「『源平盛衰記』全釈」八–巻三–一（『名古屋学院大学論集』人文・自然科学篇　第四九巻二号）

・「『源平盛衰記』全釈」一一–巻四–一（『名古屋学院大学論集』言語・文化篇　第二七巻第二号）

＊本書執筆に際して以下の書籍や研究論文を参考にした。私の整理が著者の意を汲みきれていない場合があるので、可能であれば原著を御参照いただきたい。

〈書籍〉

橋本義彦『藤原頼長』人物叢書（吉川弘文館、一九六四）

安田元久『院政と平氏』日本の歴史第七巻（小学館、一九七四）

浅香年木『治承・寿永の内乱論序説』（法政大学出版局、一九八一）

田中文英『平氏政権の研究』（思文閣、一九九四）

荻美津夫『平安音楽制度史』（吉川弘文館、一九九四）

五味文彦『平清盛』人物叢書（吉川弘文館、一九九九）

早川厚一『平家物語を読む』（和泉書院、二〇〇〇）

玉井力『平安時代の貴族と天皇』（岩波書店、二〇〇〇）
下向井龍彦『武士の成長と院政』（講談社『日本の歴史』07、二〇〇一）
池上洵一『説話と記録の研究』著作集第二巻（和泉書院、二〇〇一）
樋口健太郎『中世摂関家の家と権力』（校倉書房、二〇一一）
美濃部重克『観想平家物語』（三弥井書店、二〇一二）
高橋昌明『平家と六波羅幕府』（東京大学出版会、二〇一三）
松尾葦江編『源平盛衰記年表』（三弥井書店、二〇一五）

〈研究論文〉
松島周一「藤原経宗の生涯」（『愛知教育大学研究報告』四二、一九九三）
網野善彦「神人と守護と大番役」（『福井県史』通史篇二中世、一九九四）
松薗斉「武家平氏の公卿化について」（『九州史学』一一八・一一九、一九九七）
前田禎彦「摂関期の闘乱・濫行事件」（『日本史研究』四三三、一九九八）
松薗斉「前右大将考」（『愛知学院大学文学部紀要』三〇、二〇〇〇）
網野善彦「職能民」（平凡社ライブラリー『日本中世の百姓と職能民』二〇〇三）
久保木圭一「清華家「大炊御門家」の成立」（『日本歴史』六九七、二〇〇六）
元木泰雄「平重盛」（『平安京とその時代』（思文閣出版、二〇〇九）
鈴木理恵「「一文不通」の平安貴族」（『識字と学びの社会史』思文閣出版、二〇一四）
元木泰雄「藤原経宗」（『保元・平治の乱と平氏の栄華』清文堂、二〇一四）
平藤幸「平重盛」（『保元・平治の乱と平氏の栄華』清文堂、二〇一四）
下坂守「衆徒の金融と神人の金融」（『中世寺院社会と民衆』二〇一四）
曽我良成「殿下乗合事件」（『日記・古記録の総合的研究』思文閣出版、二〇一五）

曽我良成「『源平盛衰記』の史実性」（『文化現象としての源平盛衰記』笠間書院、二〇一五）
前田英之「平重盛と朝廷儀礼」（「梅花女子大文化表現学部紀要」一二、二〇一六）

おわりに

以上、『平家物語』に出てくる比較的著名なエピソードを取り上げ、史料としての貴族日記とつきあわせて検証する作業を行ってきた。それは、ある意味で無粋な行為でもある。精密に美しく組み立てられた虚構のねじを一本一本外していき、内部から現れた骨組みを露わにして、本当の姿はこうなんですだまされないで！　と言っているような。美しい女性のお化粧を剥ぎ落とし、スッピンはこうなんです！　といってるような。そんな罪悪感を感じる作業でもあった。

その結果として、一般の読者の方々が、平氏の横暴として歴史的事実と思っていることのほとんどが物語の虚構であるということになってしまった。当たり前のことだが、『平家物語』は「物語」であって、歴史書ではない。当然そこには、全くの架空の出来事もあるだろうし、事実を下敷きに脚色された事件も含まれている。それを「事実」として捉えてしまうのは、物語の責任ではなく、受け手の側の問題である。

とはいえ、一般の読者が物語を歴史と誤解してしまったとしても、それは読者の責任ではない。完成された物語であればあるほど、物語のストーリーは違和感なく史実として読者には受け取られる。そこに違和感を挿まれるということは、まだ物語としては未熟なのである。また、完成度の問題とは別に日常性の要素もある。水戸黄門が全国を漫遊していた、徳川吉宗は庶民の味方の政治をしていたなどなど、毎週毎週ドラマを見ていればそれを史実と受け取ってしまうだろう。『平家物語』は完成度が高く、平安時代物の定番であるので、この両方の要素を兼ね備えていると言ってよいだろう。

平氏の姿は「参考文献」にあげた一部の研究を除けば、実はほとんどなされていないのが現状である。それはやはり『平家物語』の影響が大きい。物語に書かれていることは、ほぼ史実のように受け取られてきた。それは基本線では現在もあまり変わっていない。学問的に検証されていない物語の一節が、堂々と「日本史」の教科書に史料として載っている。

『平家物語』は非常に完成度の高い物語であるが、本書をここまで読み通していただいた読者にはおわかりいただけると思うが、それが故にその情景を「歴史」と誤解しやすいものであり、実のところ、かなり史実と食い違っているところも多い。歴史学者には『平家物語』から離れ、先入観にとらわれない平氏像を構築する責任がある。

本書では、殿下乗合事件を素材に、歴史学者が先入観にとらわれて史実を曲解してしまった状況を述べてきた。殿下乗合事件の平重盛像については、物語の重盛像の方が史実に近く、歴史学者の提示した重盛像の方が誤っていた。そんな事例もあるので事はそう容易ではない。

本書は『平家物語』を史料として一切利用しないという基本姿勢で執筆してきた。同業者の中には、大局的な展望を持った研究発表をする方もいるが、私はそんな眼力も度胸も無いので、大きなことは言わず愚直に史料と向き合うしかなかった。とはいえ、それはあくまで現時点においての話であって、今後研究が進めば、本書で私が書いたことさえも誤りであるということが出てくるかもしれない。それは著者個人としては恐ろしい話だが、見方を変えれば歴史学が進歩したということなのだから、歴史学者としてはそれを甘んじて受け止めて喜ばなければならない、と自分に言い聞かせている。

私の歴史学者としての出発点であり、言わば恩人?でもある『平家物語』に、失礼は無かっただろうか。あれから半世紀経つが、少しは恩返しが出来ただろうか。

曽我良成（そが　よしなり）

1955年、愛知県豊橋市に生まれる。

広島大学大学院文学研究科博士後期課程単位取得満期退学。

河合塾広島校・福岡校講師、名古屋学院大学経済学部・人間健康学部・リハビリテーション学部教授を経て、現在、名古屋学院大学国際文化学部教授。修士（文学。広島大学）。

主要著書に『王朝国家政務の研究』（吉川弘文館、2012年）、主要論文に「官務家成立の歴史的背景」（『史學雜誌』92-3、1983年）、「「或人云」・「人伝云」・「風聞」の世界——九条兼実の情報ネット」（『年報中世史研究』21、1996年）などがある。

日記で読む日本史 12

物語がつくった驕れる平家

貴族日記にみる平家の実像

二〇一七年一月三十一日　初版発行

著者　曽我良成

発行者　片岡敦

印刷・製本　亜細亜印刷株式会社

606-8204　京都市左京区田中下柳町八番地

発行所　株式会社 臨川書店

電話（〇七五）七二一—七一一一

郵便振替　〇一〇七〇—二—八〇〇

落丁本・乱丁本はお取替えいたします

定価はカバーに表示してあります

ISBN 978-4-653-04352-2　C0321　© 曽我良成 2017

〔ISBN 978-4-653-04340-9　C0321　セット〕